遊.戲.絲綢路.

瑪杜莎・君 如
文・攝影

【穿越西安大漠行】

西安古稱長安，絲綢之路的起點，
中國歷史上最重要的四個朝代周、秦、漢、唐，
都曾在此建都，
穿越了西安，便可將中華歷史一覽無遺。

目錄 Contents

【真情至性無戲言。的遊戲絲路】

第一見到瑪杜莎還是在兩年前的一次西安之旅。漫長的旅途中，每次的交談都散發著她的知性之美。旅行快結束時，她輕輕遞給我一張名片，上面寫著歷史老師與作家。這才使我回想過去幾天的記憶，當我講解每個景點時，她都仔細聆聽；每看一處文物，她按下快門的角度都好似幾經揣摩，不是只有拍到此一遊照就可以滿足的模樣；那時我好奇問她爲何這麼認真，她告訴我長安和絲路她一定要再來走過。現在想想，也許就是那時她已經在心裡編寫遊戲的程序了。

　　一年以後，微信通訊軟體上簡短的溝通，她竟真的又從臺灣飛來西安，拉開了這本《遊・戲・絲路——穿越西安大漠行》的序幕。再次做足功課，一步一腳印搜集更多的資料豐富這本書。有時我會想，到底是對旅行與歷史有怎樣熱情的女子，能夠這樣一個人扛起行李，不怕辛苦地用行動來實現對寫作的夢想。想到這裡，就覺得一定要好好幫瑪杜莎加油及支持，套句咱們這裡常說的支持語：「這是必須的呀！」

　　西安古稱長安，絲綢之路的起點，中國歷史上最重要的四個朝代周、秦、漢、唐，都曾在此建都，建都歷史長達三千年之久。青銅器之鄉的周原、秦始皇打造的地下御林軍與兵馬俑；漢武帝派遣張騫出使西域的長安城、唐玄宗和楊玉環愛情羅曼史的發生地——華清池，細數不盡。

　　穿越了西安，可以無限寬廣的遙想好似沿著博望侯張騫的足跡，走過河西走廊，經嘉峪關，到敦煌看飛天漫壁，抵新疆一睹天山容顏，便可將中華歷史一覽無遺。透過這本書，可以讓讀者用另一種角度來看待這一段具有深遠歷史意義的絲路。

　　茫茫大漠之旅看似平靜，靜得似乎不耗費一點能量，而徜徉在瑪杜莎的文字之間又是如此精采斑斕，讓人久視亦不厭煩。《遊・戲・絲路——穿越西安大漠行》將人文、歷史、名勝、情感貫穿一體，好似遊戲平易近人，卻無半句戲言。總之，這一本是值得細看的好書！

長安知客
楠少（Wesley）

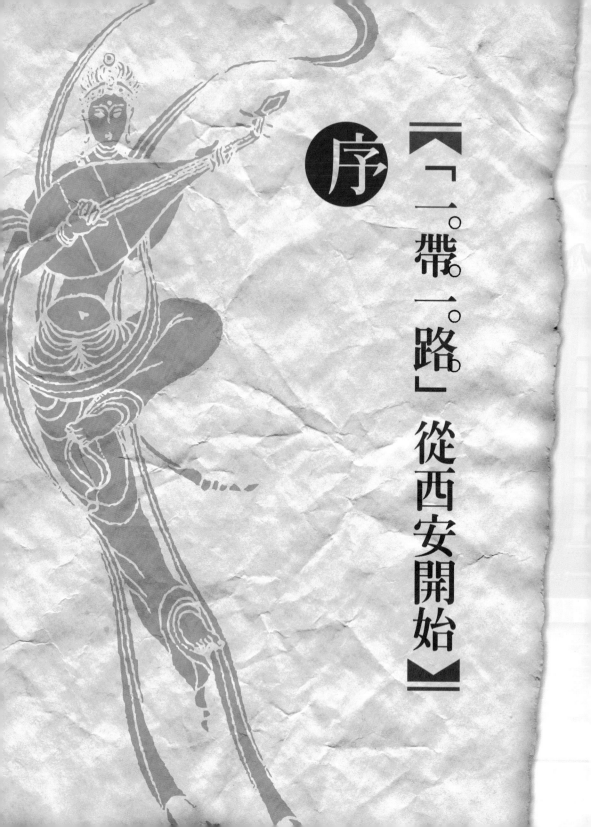

序

【「一。帶。一。路」 從西安開始】

一本《遊．戲．北京——穿越清宮步步行》讓我收到許多讀者的迴響，當了多年的歷史老師，第一次發現原來一本結合歷史與戲劇、旅遊與詩歌人文的書，是可以讓許多人體會到「歷史即生活，生活即歷史」的真實感。

我們會說平常的休閒生活喜歡看書、喜歡旅遊、喜歡看連續劇，那麼一本可以結合這幾樣娛樂的書，讓想像具體化與真實化的書，應該要一直一直寫下去才是。而這一回，我想把主角從北京換成西安與絲路！

最近「一帶一路」這個名詞開始熱門起來，所謂「帶」是指「絲綢之路經濟帶」；「路」則是指「21 世紀海上絲綢之路」。這是一個以中國為主體的經貿發展概念，想在美國主導的太平洋主體路線另外找出一條路線，整合亞、非、歐的市場。不管臺灣對這樣的議題想法如何，但以古鑑今，也許我們就從西安這個過去到現代的絲路起點，來一場遊戲絲路的穿越古今之旅吧！

西安，這個我們熟知的歷史古都，有人說是十三朝古都，但仔細一算，從西周定都鎬京到最後一個唐代黃巢之亂的大齊帝，歷史上的正統及非正統王朝加起來，可以說是十六朝古都。歷史上的許多距離感與不真實感，紮實的在西安這座千年古都存在著，並刻劃下痕跡。

也許大家對歷史是一知半解的，但唐代詩人王昌齡寫下的「秦時明月漢時關」，讓我們對這座古都的霸氣有著印象。也許我們對西安有點熟悉，但更多的是陌生，如果你喜歡兼具奇幻與華麗的《通天神探狄仁傑》電影系列；蕩氣迴腸的史詩戲劇《大漢賢后衛子夫》及桐華筆下的小說《大漠謠》（電視劇改編成《風中奇緣》），那麼就不能錯過這座在中國歷史上極具分量的漢唐盛世古都——西安。

張騫通西域的壯舉、衛青及霍去病打下的大漢江山，將匈奴趕出漠南之地，讓後人能安心在今日甘肅省境內的河西四郡，享受帶點西域的異國風情。此外，不可錯過的還有敦煌的月牙泉與酒泉的夜光杯。西安曾經是絲路的起點與終點，跟著這本書不僅可以悠遊西安，更可以馳騁大漠風光、品味西域的輝煌，相信這也是一種很有趣的歷史旅遊串連。

總之，這是一本沿用連續劇為主軸，並且帶點人文考究撰寫的歷史旅遊書，既然大家都能「看韓劇遊韓國」、「看清宮劇遊北京」，那麼當然也可以帶著這本書一起來趟「遊．戲．絲路」之旅吧！

繪者 路十七（賴冠汝）

瑪杜莎

心理小測驗。

開始：

Q1：請問你／妳喜歡看古裝劇或歷史劇嗎？（是→ Q3，不是→ Q2）

Q2：你／妳是獨立自主，有想法喜歡冒險的人嗎？（是→ Q5，不是→ Q3）

Q3：你／妳對到中國旅行有興趣嗎？（普通→ Q4，是→ Q6）

Q4：你／妳比較喜歡秦朝、漢朝、還是唐朝？（秦朝→ A，漢朝→ D，唐朝→ B）

Q5：你／妳喜歡看武俠小說嗎？（是→ C，不是→ A）

Q6：你／妳對「一帶一路」這個話題有想了解的興趣嗎？（是→ E，還可以→ D，不是→ B）

A ☐ 長安庶民四日遊

B ☐ 長安公侯五日遊

C ☐ 俠骨柔情七日遊

D ☐ 通關文牒使臣十日遊

E ☐ 駱駝商旅大漠十六日遊

行程規劃。

【長安庶民四日遊】

建議必看

Day 1　碑林區與蓮湖區：鐘樓、鼓樓、回民街、大清真寺、竹芭市

Day 2　雁塔區：陝西歷史博物館、大雁塔、小雁塔、曲江寒窯遺址公園

Day 3　東線臨潼：兵馬俑、始皇陵、驪山國家公園

Day 4　碑林區：書院門、碑林博物館、西安古城牆與永寧門、湘子廟

【長安公侯五日遊】

建議必看

Day 1　碑林區與蓮湖區：鐘樓、鼓樓、回民街、大清真寺、竹芭市

Day 2　雁塔區：陝西歷史博物館、大小雁塔、曲江寒窯遺址公園、大唐芙蓉園

Day 3　東線臨潼一日遊：兵馬俑、始皇陵、驪山國家公園

Day 4　西線咸陽、寶雞一日遊：茂陵、乾陵、法門寺

Day 5　碑林區：書院門、碑林博物館、西安古城牆與永寧門、湘子廟、興慶宮

【俠骨柔情七日遊】

建議必看

Day 1　碑林區與蓮湖區：鐘樓、鼓樓、回民街、大清真寺、竹芭市

Day 2　東線臨潼：兵馬俑、始皇陵、驪山國家公園

Day 3　西線咸陽、寶雞一日遊：茂陵、乾陵、法門寺

Day 4　華山西峰、南峰

Day 5　華山北峰、東峰

Day 6　雁塔區：陝西歷史博物館、大雁塔、小雁塔、曲江寒窯遺址公園

Day 7　碑林區：書院門、碑林博物館、西安古城牆與永寧門、湘子廟

【通關文牒使臣十日遊】

建議必看

Day 1　碑林區與蓮湖區：鐘樓、鼓樓、回民街、大清真寺、竹芭市

Day 2　雁塔區：陝西歷史博物館、大小雁塔、曲江寒窯遺址公園、大唐芙蓉園

Day 3　東線臨潼一日遊：兵馬俑、始皇陵、驪山國家公園

Day 4　西線咸陽、寶雞一日遊：茂陵、乾陵、法門寺

Day 5　碑林區：書院門、碑林博物館、西安古城牆與永寧門、湘子廟、興慶宮

Day 6　西安到蘭州，必看：黃河母親像、中山橋、水車園

Day 7　蘭州到武威，必看：雷臺漢墓與海藏寺、鳩摩羅什寺

Day 8　武威到張掖，必看：丹霞國家地質公園

Day 9　張掖到酒泉到嘉裕關，必看：酒泉公園、長城博物館、天下第一雄關

Day 10　嘉裕關到敦煌，必看：鳴沙山、月牙泉、莫高窟

華山一景

吐魯番葡萄溝

【駱駝商旅大漠十六日遊】

建議必看

出發去
中國自助旅行前
需要了解的事。

国际卡/International call			
售价/price	流量/data	国内电话/Domestic call	可拨国家/
300元/300RMB	560MB		
300元/300RMB	600MB	80分钟/80mintes	
300元/300RMB	1GB	200分钟/200mintes	

国内卡/Domestic call			
售价/price	流量/data	国内电话/Domestic call	
150元/150RMB	1.1GB	100分钟/100mintes	
240元/240RMB	3GB	200分钟/200mintes	

流量卡/Data card	Only Data		
售价/price	流量/data	有效期/The period of validity	
300元/300RMB	3GB	6个月/6months	
400元/400RMB	6GB	1年/1year	
500元/500RMB	12GB	6个月/6months	

中國 SIM 卡價格

【網路與門號】

　　下飛機時就可以在機場辦好一個當地門號，相信我這真的很實用。我一直認為，在這個擁有十幾億人口的國家，許多事情都是自成一格的世界，用臺灣慣用的思維來行事會產生很多不太便利的困擾。

　　舉例來說，中國境內的旅遊網站，如：攜程、途牛、去那兒、同程……等，都有非常豐富的內容、行程可供訂購及參考，但前提是必須要有當地門號才能購買成功，而日後都是以簡訊及電話來接洽聯絡。如果你沒有門號，在臺灣能找到的配套行程少又貴，選擇有限。而且這些網站上的資訊都很透明，是否有購物行程、有沒有包餐食，或是訂機票的航班，都可以自己做功課找好，參加當地行程被坑錢或被騙的機會就少很多。

　　許多外地人到中國旅行，往往一下火車或一到熱門景點的門口，就被招攬行程。原本說是要去哪裡，但中途卻載到許多購物點買東西，真正遊覽的時間很少，如果要避免這種情形，建議還是到這些大型的旅遊網站，參考別人的點評，因為業界也很重視這些網路評價，會納入改進或給從業人員的獎金參考。

　　辦手機門號的同時，可順便依自己的行程長短，以及「網路成癮」的程度來決定上網流量。雖然有很多上網的方法，像是直接漫遊（但很貴），或是租用行動 Wi-Fi 上網（要多帶一樣東西出門，也有用不習慣或溫度過熱的風險），還不如直接在機場換一張 SIM 卡，順便搭配流量，就可以在中國各地暢行無阻了！以我自己的例子是辦了一張國內卡，含 1.1G 的流量、100 分鐘的免費中國境內通話，價格是 150 人民幣，服務人員會現場幫

1 下飛機後可在機場找尋購買當地 SIM 卡的櫃檯，非常方便　　2 途牛網訂單頁面參考
3 櫃檯人員直接幫忙開通 SIM 卡，還沒走出機場就可上網及打電話聯繫了

你換好開通，走出機場大門就能隨時上網查資料或打卡了！

【實用的 APP】

1. **百度地圖：**在臺灣什麼都是「咕狗大神」，但在中國什麼都要「百度一下」。同樣查資料，用 Google 會變得非常緩慢，網頁出不來，但用百度一秒就跳出來。此外，很多人仰賴的 Google 地圖，在中國也是行不通的，強烈建議下載百度地圖 APP，可以很清楚得知路徑及方向，而且資料常更新又較完整，真的很方便！

2. **支付寶錢包：**在中國用支付寶上網買東西，如：買電影票、手機充值、繳水電費，都已經非常普遍，但這種電子錢包的概念在臺灣還不是非常普及。可是在中國只要上網買東西，支付寶就相當好用，而且不用被扣手續費。但前提是必須有朋友在當地，或是本身在中國有銀行帳戶，然後直接給朋友小額的人民幣現金（避免也造成對方困擾），請他儲值到你的支付寶裡面，因為目前在臺灣的銀行還沒有辦法直接匯款至支付寶帳戶。如果支付寶裡的錢沒用完，回臺灣後可上淘寶購物，直接扣款，不需額外支付跨國刷卡 1～3％的手續費。

3. **大眾點評：**在臺灣我們習慣用 GOMAJI 團購券之類的方式，搜尋便宜的吃喝玩樂；在

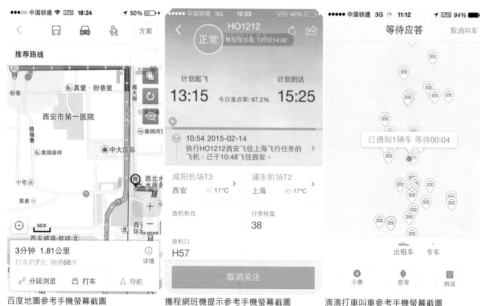

百度地圖參考手機螢幕截圖　　　　攜程網班機提示參考手機螢幕截圖　　　滴滴打車叫車參考手機螢幕截圖

中國就必須用大眾點評。同樣是買電影票，直接在戲院門口買票非常貴，但上網在大眾點評買，就會有半價或更多優惠。另外，像是各大景點的門票，在中國自助旅行這筆開銷是一定要計算進去，因為動輒數十至上百人民幣以上，一天看下來要花不少預算。這時一樣可以上大眾點評，搜尋是否有折扣門票能購買。不過使用大眾點評撿便宜，前提是要有支付寶和當地門號，才能順利購買成功及使用。

4. **攜程網**：如前文所述，在中國自助旅行，這些大型的旅遊網站 APP 非常實用。攜程網是比較貴的，但為什麼會寫它，主要是因為只有攜程網才可以刷國際信用卡（VISA、MASTER），其他像是途牛網、同程網……等，這些雖然內容相同但比較便宜，可是得有中國的銀行卡或支付寶才能成功付款。我很推薦攜程網的原因是資訊非常完善，可以隨時查詢機票。再者，由於中國境內各城市的國內航班要用這些旅遊網訂購機票，才會便宜；在臺灣訂或用國際訂機票網站，都會比較貴。而且攜程網在訂機票後會隨時發布跟你行程相關的小提醒，非常適合自助旅行的人。如果要退票或改訂機票也都很方便，上面會註明退票可以退多少錢，很快就會以簡訊及 E-mail 通知你已經處理成功。應付旅行中大大小小的細節，這些旅遊網的 APP 是很好用的幫手。

5. **翻牆軟體**：想在中國境內順利的登入 FB、Line、Yahoo 信箱，或是看部落格文章、YouTube……這些在臺灣慣用的網站或軟體，就必須有翻牆軟體。2014 年中國封鎖了一

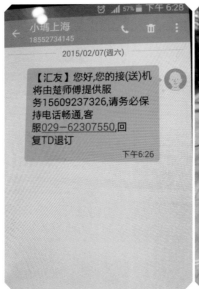

途牛網接機服務簡訊聯繫參考手機螢幕截圖　　　　一邊旅行、一邊用百度地圖及自拍神器，是在中國旅行的王道

些翻牆軟體，目前還可以用的是「網際直通車」。這個 APP 要先在臺灣下載好，然後依照自己需求去購買流量，價格不貴，當你想上這些被中國封鎖的網站時，要開啟 vpn 選項，才能夠連上，流量也視使用這些網站的多寡來扣，但這跟行動網路的流量無關。

6. **快的打車：** 在西安市區要叫到計程車並非易事，尤其是尖峰時間。所以下載好打車軟體，不管是「滴滴打車」或「快的打車」，都會增加讓你在幾分鐘內被司機接單的機會，並且成功上車。

【交朋友的通訊軟體及網站】

1. **微信 Wechat：** 關於通訊軟體，世界習慣大不同，簡單劃分一下，西方歐美世界的人習慣用 Whats App，韓國人喜歡用 Koktalk，港、澳、臺則普遍用 Line；而簡體字的世界，如中國、新馬一帶，就屬微信最多，QQ 也是另一項大宗。自從中國 2014 年將 Line 也封鎖了以後，手機到當地換了 SIM 卡也收不到 Line，但如果是原來的門號漫遊或連 Wi-Fi 就還是可以使用。所以要跟當地朋友聯絡有微信會方便很多，加上跟 Line 官網帳號一樣的概念，微信的公眾帳號也是關注很多商品及訊息的好管道。

2. **微博：** 在臺灣到處用 FB 打卡、發文，但在中國最普遍的還是微博，加上許多華人世界

1 在沙漠戈壁中的旱廁　2 西安市區的公廁,乾淨有門、現代化　3~4 有時就必須在大地野放,天人合一

知名人物也都在微博有帳號,想關注他們近況,也許他們不一定會發在 FB,但微博的更新會比較勤快。當然如果在中國有朋友,用微博聯繫近況也是很好的管道。

【調整心態上廁所】

隨著越多來自中國的旅行團及自助行觀光客湧入,在臺灣的公共廁所遇到不關門如廁的大媽機率也增多,如果到中國旅行,大概就要對這個習慣入境隨俗一下。雖然說大城市的公共廁所已經非常現代化,但習慣不關門的人還是很多。此外,如果到條件比較差的偏遠景區,廁所有門但沒鎖,或是沒門的比比皆是,除了調整心態,別無他法。而且說真的,在當地上廁所真的沒人會多看你一眼,反而都是我們偷看別人居多。

在中國旅行,地大路途遙遠,有時遇到沒水可沖的旱廁茅坑,還是要捏著鼻子跟當地人一起脫褲子排排上,甚至有時連旱廁都沒有,而要直接野放。這個心理關卡過不去,

也只是跟自己身體過不去而已，我真的聽過太多怕上這些廁所的媽媽、姐姐，因為這樣
而得尿道炎的例子！

【西安篇】

華清池初春一景

唐樂宮仿唐豪華歌舞

歷史西安。

　　西安之於中國的歷史，最早可以追溯到舊石器時代，著名的藍田人即是在陝西省藍田縣挖掘出來。新石器時代的仰韶（彩陶）文化也是從西安寶雞一帶延伸到河南省，廣大的關中地區為彩陶文化的重要地點，其中半坡遺址就位在西安。

　　對於更多西安人來說，身為十三朝古都的「皇民」，上至西周下至唐朝（西周、秦、西漢、新、東漢〔獻帝初〕、西晉〔湣帝〕、前趙、前秦、後秦、西魏、北周、隋、唐），歷時長達 1,140 年之久，是他們最引以為傲的身分。西安在兩千多年前與埃及的開羅、希臘的雅典、義大利的羅馬，並稱世界四大古都，至目前也是中國關中地區首屈一指的大城，更是前進大西北及中亞的重要中繼站。

　　中國輝煌的秦、漢、唐等朝代，均與西安有不可分割的關係，目前來到西安旅遊，也是以這三朝留下的古蹟最為世人熟知。不看秦始皇的兵馬俑，就像沒來過西安；不去感受驪山華清池的春寒賜浴，就像是缺了一角的西安地圖。而西安的觀光也積極將這十三朝的重要歷史，打造成一齣齣大型歌舞劇，在各個不同的表演場所上演，像是唐樂宮的《破陣曲》、華清池的《長恨歌》及大唐芙蓉園的《夢回大唐》，都期盼來自世界各地的旅人們，能在最短的時間欣賞到中國歷史的輝煌年代。

永寧門夜景

印象
西安。

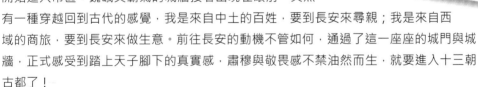

鐘鼓樓廣場

　　從機場搭上了先前預訂的途牛網接機服務車子後，映入眼簾的是跟許多城市或國家差不多的公路，通往一個國家大門前的道路總是寬敞筆直。約莫半小時後開始進入市區，巍峨又霸氣的城牆接著出現在眼前，突然有一種穿越回到古代的感覺，我是來自中土的百姓，要到長安來尋親；我是來自西域的商旅，要到長安來做生意。前往長安的動機不管如何，通過了這一座座的城門與城牆，正式感受到踏上天子腳下的真實感，肅穆與敬畏感不禁油然而生，就要進入十三朝古都了！

　　再一次踏上西安，進城的那種感覺還是非常強烈，敬畏感卻在實際接觸到西安的人們後，想起這西北大城的人文風情依然是直爽且帶點質樸的熱情，也許包裝在長安古都的外表之下，有點距離感，但靠近後會發現，這就是個有文化的城市。編戶齊民們在舊時的皇城之下，井然有序生活著！西安是一座需要細細品味的城市，除了世界聞名的兵馬俑及華清池，還有太多的故事可以尋訪，甚至有很多滋味是得一步一腳印去感受。

【交通錦囊】

西安咸陽國際機場

- **飛機**：目前中國東方航空有直飛西安的班機，航程約 3 小時 45 分鐘，但航班不多。如果選搭中國的航空公司，在上海、南京等城市轉機，則選擇較多，票價約 15,000 臺幣上下。降落機場為西安咸陽機場（XIY）。可上 Skyscanner、攜程網等 APP 查即時票價。

- **機場**：目前機場有三個航廈，但 T1 航廈目前陸側部分停止使用，乘客的出入境以 T2 及 T3 為主，其中 T2 是國際航線，T3 是國內航線。在 T3 航廈外有機場巴士與計程車的上下車地點，有多條路線行駛至西安市區，約需 45 ~ 60 分鐘左右，票價是 15 人民幣。

路線	西安發車時間 （6 號線從咸陽發車）	機場發車時間
1 號線：西稍門（空港商務酒店）—機場	05:00 ~ 次日 02:00，每 20 分鐘發車	07:20—末航班，機場發車間隔視航班密度而定
2 號線：火車站（隴海大酒店，五路口十字西北角）—機場	06:00 ~ 21:00，每 30 分鐘發車	08:00 ~ 次日 00:00，機場發車間隔視航班密度而定
3 號線：西高新（志誠麗柏酒店）—西稍門（空港商務酒店）—機場	西高新：06:00 ~ 21:00，每 30 分鐘發車 西稍門：05:00 ~ 次日 02:00，每 30 分鐘發車	07:30 ~ 19:30，機場發車間隔視航班密度而定
4 號線：西安賓館（長安中路草場坡）—機場	06:00 ~ 21:00，每 1 小時發車	08:20 ~ 21:20，機場發車間隔視航班密度而定，最長間隔 1 小時發車
5 號線：建國飯店（互助路二號）—長慶賓館—機場	07:00 ~ 20:00，每 1 小時發車	08:30 ~ 20:30，機場發車間隔視航班密度而定，最長間隔 1 小時發車
6 號線：咸陽彩虹賓館—民生商廈—咸陽市政府—人民路（渭城中學）—咸陽火車站—機場	07:00 ~ 19:00，每 1 小時發車	08:30 ~ 20:30，機場發車間隔視航班密度而定，最長間隔 1 小時發車
7 號線：城南客運站—西北飯店—長征國際酒店—機場	08:30 ~ 19:30，每 1 小時發車	08:30 ~ 17:30，每 1 小時發車
8 號線：西安火車北客站—機場	09:00 ~ 20:00，每 1 小時發車	08:00 ~ 19:00，每 1 小時發車

（以上資料參考維基百科：is.gd/0Oa6yr）

1 海南航空也是票價實惠、服務不錯的航空
2 上海吉祥航空有廉價航空的票價，但提供有質感的服務
3 西安地鐵購票機
4 西安也有類似 YouBike 的自行車租還點
5 西安有些路段會看到這種出租車汽車站，但不多
6 在西安最方便的交通工具「摩的」可講價，也可隨處招手攔車

1 西安地鐵通車只有幾年，每一站都很新穎乾淨　2 較大的地鐵站內，出站方向都標示得很清楚　3 西安地鐵首、末班車時間

· **公交**：在西安自助旅行最方便的交通工具是公交，目前有超過 200 條以上的路線，基本上想去的景點都可以搭公交到達。西安的公交站牌規劃得很好，設有每一條路線的停靠站地圖，只要知道在哪裡搭車，對照站牌再加上車上都有字幕顯示到達站名，順利抵達目的地不是問題。公交票價分冷氣車及非冷氣車，分別是 2 人民幣及 1 人民幣，如果使用長安通，可享半價，非常實惠方便。

· **地鐵**：西安目前有兩條地鐵開通，全程 52 公里，共有 39 個站。分別是 1 號線（咸陽森林公園—紡織城）和 2 號線（北客站—韋曲南），此外 3 號、4 號及 9 號線正在建設中，未來可搭 9 號線直達臨潼著名景區華清池等地。現在的兩條地鐵於 2011 年營運，非常新穎乾淨，出入地鐵站須通過 X 光檢查隨身包包，上下班時間可能要稍微排隊一下。票價依乘車區段分為 2 ～ 5 人民幣不等，購買長安通可享 7 折優惠，但能買到長安通的地點不多，初來乍到的觀光客，建議到鐘樓地鐵站內的小商店、南稍門地鐵站及鐘樓郵政分局購買。

西安到處都看得到平價連鎖旅店　　　　　　　精華地段的鐘樓飯店

【客棧錦囊】

　　在西安皇城內要找個棲身之所是很容易的事，而且價格不貴。中國各地都看得到的各家連鎖酒店，在西安市區也到處可見，如：7天連鎖旅店、錦江之星、漢庭快捷、如家快捷、宜必思……等，這些上各大訂房網都可以查價錢及訂房，價錢應該都在每晚約1,000臺幣上下。

　　而在西安精華地段的鐘樓，對面也有一間四星級的鐘樓飯店，每晚約2,000多臺幣，其實也不算貴，如果喜歡住在極精華地段，不管逛街、去回民街吃東西、搭地鐵或公交、步行到附近的景點，這裡都是個首選地段。

　　以我自己的喜好來說，自助旅行來到如此富有歷史文化的千年古都，當然偏好住在有特色的背包客旅館，除了價錢較實惠，我喜歡不那麼制式的裝潢及擺設，況且許多背包客旅館都位在大街旁的巷弄裡，不那麼緊鄰大路，但交通一樣方便也不難找。就我個人在西安觀察及實際居住的旅館，介紹如下分享給各位。

西安古城青年旅舍

　　到西安的第一晚就因為住了這家好旅館，讓我接下來的西安自助行非常順利。旅館就緊鄰地鐵2號線的北大街口站，出站走幾步路即警察局。蓮湖街上也有很多公交站牌，交通方便。

　　旅館外觀呈現古樸傳統的風格，門口有個小庭院擺著幾輛腳踏車，掀開北方特有的厚棉被門簾，裡面就是融合復古與現代新穎設計的樣貌，櫃檯服務人員態度不錯，想去哪些景點可以直接諮詢。旅館內有電梯，因此不用擔心行李的問題，我訂的是雙人房，但只有自己一個人住，偌大明亮的房間搭配橘紅中國色系的家具，令人心情大好。

1 北大街的巷口彎進去就是旅館　2 位在巷子裡的古城青年旅舍大門　3~4 橘紅色的家具與明亮寬敞的雙人房
5 到中國旅行記得帶路由器，在房內上網訊號才夠強　6 一樓櫃檯

北大街外商店林立，方便熱鬧　　　　　　　　　一樓交誼廳及大廳

　　房內的浴室很大，乾淨也很通風，電視可以看遍各省的電視臺，晚上回旅館，一邊吃水果喝飲料，一邊跟著連續劇的進度看個幾集，非常過癮自在。房間每天都會有人打掃，外面也頗安靜，是初來乍到的旅館好選擇。雙人房一晚的價格不到 1,000 臺幣，我住了三晚總共 2,000 臺幣，如果是兩人一起分擔，更加超值。

住宿及交通小須知

1. 搭機場巴士到市區，轉乘地鐵 2 號線到北大街口站，往北大街出口方向，至蓮湖路警局旁的巷口進去即達。
2. 如果有中國當地的手機門號，可事前上途牛網預訂機場接送服務，一個人是 35 人民幣，直接送到旅館門口，很方便。
3. 可至 booking.com、Agoda、攜程等網站訂房查詢價格。

旅館資訊

地址：西安市蓮湖區蓮湖路 4 號（靠近北大街口）
電話：029-87365338
網站：www.yhaxian.com
信用卡：可

旅館簡介

早　　餐：無	無線網路：有，但在房內建議自行攜帶路由器，訊號才會穩定。
冷　　氣：有	房間打掃：有
暖　　氣：有	衛浴設備：有
電　　視：有	電　　梯：有

杰諾庭院背包旅舍

　　離開了位在蓮湖區的第一間旅館，我改住到景點雲集的碑林區。在西安市區，不管到何處都必須先知道是位在哪一區，如此一來無論是用「滴滴打車」的 APP 叫計程車，

1 位在南門邊順城東側的杰諾庭院背包旅舍大廳　2 地下室是酒吧，二樓是房間，看得出來相當受西方客喜愛
3 名副其實的二樓庭院　4 炕房內景：床很大，睡三個人都可以　5 房間內的物品頗齊全且富古意
6 跟古城青年旅舍類似的書院青年旅舍，位在南門邊的順城西側　7 距離南門不遠的湘子門青年旅舍也是熱門的住宿地點

或是路邊的「摩的」載客，都會比較清楚價錢及路程的遠近。

　　起初在訂房網看到這間旅館一眼就喜歡上了，原因是房間數不多的它，有我一直很嚮往的炕床，在西北地區可以躺在炕床上睡覺，著實滿足了我很多想像。雖然最後住進去時，炕床只是裝飾，底下並非真的燒火，而是完全依賴現代的暖氣，不過寬敞又略高的炕床，搭配北方農村風格的格子厚棉被，非常溫暖！

　　這間旅館是比利時人所投資開設，內部設計是海歸的中國設計師操刀，開業才兩年。雖然外表是古樸的中國風房舍，但房間裡卻是現代化設備。旅館樓下的接待人員每一位都很客氣，還會幫忙提行李、送客人到路口等車，在冷冷的二月天，感受到西安濃濃的人情味。

炕房內的現代化衛浴

住宿及交通小須知

1. 搭機場巴士到市區，轉乘地鐵 2 號線到永寧門站，往書院門方向，過南門城牆口右轉巷子 (沿著城牆) 即可看到招牌，距離地鐵站需步行約 5 ～ 10 分鐘。但距離書院門及碑林博物館很近，只需步行約 3 分鐘。
2. 如果有中國當地的手機門號，可事先上途牛網預訂機場接送服務，一個人是 35 人民幣，直接送到旅館門口，很方便。
3. 可至 booking.com、Agoda、攜程等網站訂房查詢價格。

旅館資訊

地址：西安市碑林區南門里順城東側 69 號 (B1 為比利時酒吧)
電話：150-29918142
信用卡：只收現金
　　在碑林區南門一帶有不少像這樣的背包客旅館，想要極簡的只睡床位、衛浴共用也有，而想要睡得舒服、含衛浴的亦任君選擇，價格都在幾百到一千出頭臺幣上下。像是位在南門邊上另一側也有西安書院青年旅舍。在旁邊的湘子廟及德福巷一帶，都有類似的背包客旅館可供選擇。

旅館簡介

早　餐：無	無線網路：有，在 2 樓房內訊號也滿強的。
冷　氣：有	房間打掃：有
暖　氣：有	衛浴設備：有
電　視：無	電　梯：無
	洗　衣：有復古庭院可以曬衣服

位在回民街裡的賈三清真灌湯包子館，人很多但位子也很多　　賈三清真灌湯包名不虛傳

【美食錦囊】

賈三清真灌湯包

八寶粥也是這家店的招牌

　　灌湯包就是大家熟悉的湯包，原來在一千年前中國的宋朝已經有這道美食，從開封一路傳到江浙一帶。在各地都有著名的湯包專賣店，吸引各地的饕客。目前在西安賣灌湯包最出名的店家就是回民街裡的「賈三清真灌湯包子館」。以牛肉做餡，加入牛骨髓原湯打入內餡，搭配吹彈可破的薄皮，現點現做，用強火蒸出，因此等灌湯包上桌需要一些時候。

　　這裡時時都有川流不息的人潮，但從點餐到送餐上桌的手腳很俐落，雖然是著名的觀光客區，但品質還是有一定水準，價格也算公道，吃的時候，把湯包夾上湯匙，配上薑絲及一點醋醬油，咬破一個小洞將湯汁慢慢吸出，避免燙口，然後一口把湯包吃下，十分過癮。

　　在西安吃灌湯包習慣配上一碗八寶粥，解膩又十分對味，賈三清真灌湯包子館除了湯包好吃，八寶粥也是一絕，甚至有很多人說比灌湯包的滋味更好。再來上幾串西安現烤羊肉串、一杯清涼的酸梅汁，絕對是到西安不可錯過的美食集錦。

如何前往

地鐵 2 號線鐘樓站 C 出口，出去直走步行至鼓樓即回民街，店家位在回民街上，招牌很大，不容易錯過。

位在精華地段的德發長餃子店　　　　餃子宴

德發長餃子

　　西北麵食是出名的，來到西安不少人會慕名而來到德發長試試餃子宴。德發長在鐘樓站外就有一家，地理位置於最精華的西安市中心。過去曾有許多各國政要及名人來訪品嘗，名聲顯赫。不過若說吃一輪餃子宴，口感及 C/P 值滿足度會有多高，則建議不要抱太高的期望。並非說不好吃，而是有時期望過高可能會影響味覺。

　　就賣相及口味來說，餃子宴非常多元化，突破了傳統的豬、牛、羊餡，另有豐富的海鮮及蔬菜類內餡，以及酸甜辣怪等味道的組合，十分適合嘗鮮。此外，除了常見的煮、蒸、煎、炸等烹煮方法，還採用烹、炒、煸、爆、炸、溜等方式。對於歐美西方客來說，吃一次餃子宴肯定會讓他們非常驚豔。旺季時每道餃子上桌的時間會比較慢，要耐心等候，店內有 Wi-Fi 可免費使用上網，這倒是為老牌餐廳加了不少分數。拍拍精緻的各式餃子打卡上網，增添樂趣呀！

如何前往

地鐵 2 號線鐘樓站 C 出口，出去直走步行上戶外電扶梯，往西大街（3 號）方向走即可到達。

肉夾饃

　　肉夾饃是歷史悠久的一種西北地區小吃，最早可以追溯至兩千多年前，中國的老祖先們就已經會用不發酵的死麵做成白吉饃，配著肥而不膩的臘肉來吃。目前要吃到這種食物以西安最為著名。

　　在西安土生土長的年輕人們，都笑稱最道地的一份「西安套餐」就是包含：肉夾饃、涼皮及一瓶冰峰牌汽水。直至現在，年輕人到了西安熱鬧的竹笆市或回民街，都還是會叫上這麼幾樣一飽口福。由此可知不管時代再怎麼變遷，有多少時尚新穎的食物推陳出新，但屬於家鄉的那一種傳統味道卻怎麼都取代不了。

老潼關肉夾饃在西安頗為知名

西安當地的汽水品牌：冰峰

目前在西安隨處可見賣肉夾饃的小店，白吉饃製作過程經過不停的揉，再放進吊爐將餅烙熟，所以吃起來很有勁道。說起來在西安找肉夾饃，還幾乎沒有不好吃的店家，但有一家較有名的「老潼關」，強調白吉饃的餅皮酥、脆、乾、香，喜歡西北紮實麵食口感的人，到西安一定要記得嘗嘗。

羊肉泡饃

羊肉泡饃據傳是中國明朝時，就開始出現的一種飲食，也是目前在中國旅行可以吃到的陝西風味小吃。這種風味飲食，大多由回族經營，因此食材以羊肉、牛肉為主。泡饃是指用不發酵的麵團，烤製成類似餅狀的食物，在許多觀光客雲集的店家，會把泡饃掰好放進湯裡端上桌，但道地的吃法，是把白吉饃放上桌，讓客人自己一邊用手掰成小塊，一邊和朋友閒話家常。

白吉饃

而泡饃要好吃，湯頭就相當重要，羊骨熬成高湯，加入炒過的羊肉片，起鍋前加入泡好的木耳絲、去掉老梗的黃花菜及粉絲，最後加入鹽、胡椒粉等調味，將泡饃與湯頭煮滾約 2 分鐘，就是色香味俱全的陝西著名小吃。

泡饃口感保持西北小吃厚實麵食的 Q 度與麵粉的香味，羊肉湯頭鮮甜，喜歡重口味的可以加上辣油，盛上桌前還可以撒上一些蔥花與香菜，再配上一盤隨意切的涼拌菜。不過，因為白吉饃是死麵團不易消化，所以建議泡饃還是白天吃比較好，晚上吃則容易脹氣。目前在西安有許多名聲響叮噹的泡饃店，如：老孫家、老米家、老劉家……等，每個人的口味不同，其實這種傳統小吃，街坊巷弄間的小店也會有出其不意的好味道。

1 受當地人好評的老劉家泡饃，都是當地人去吃，觀光客很少　2 吃泡饃前，也可自行挑選涼拌菜
3 用手把饃掰得越碎，等下的泡饃越好吃　4 道地的羊肉泡饃

Biang Biang 褲帶麵

特別的ㄅㄧㄤ字，是來到西安一定要認識的字

　　由於地理氣候的因素，「南米北麵」形成中國不同地區的美食特色，當然也造就不同的美食味覺。就像是東酸、西辣、北鹹、南甜，而來到中國的西北省分，當然就要嘗嘗如西北民族特性一般，充滿韌性與越嚼越香的麵食。

　　其中褲帶麵就是極富西北特色的美食，在西安有一首歌謠是這麼唱的：「三秦麵條真不賴，搟厚切寬像褲帶。麵香筋道細又白，爽口耐飢燎得太。」這個褲帶麵在西安各地的麵店，都可以看到這個像藝術造字一樣的 biang biang 麵（以漢語拼音表示，是因為目前在中文字典裡還無法找到這個字），據說當初就是以摔打麵團時發出的聲音而得名。目前這種麵食也是當地人稱的「陝西八怪」特色之一。

　　褲帶麵可以厚如硬幣，也可以薄如蟬翼，長度超過 1 公尺，配上各種醬汁與作法，如：

燥子、漿水，就可以成為各種麵食。搭配辣勁十足的新疆大盤雞，也是這種褲帶麵不可或缺的吃法。因此褲帶麵可說是融合中國本土西北風味，也是維吾爾族美食必備的一味。

　　若有機會到陝西、甘肅、新疆一帶，不妨嘗試一下這種道地的西北麵食，體驗口感十足的純粹麵食好滋味！

褲帶麵是西安著名麵食

柿子餅

　　柿子的糖分和維生素都比一般水果來得豐富，在各地也有不同的作法，像是臺灣的新埔客家小鎮，柿餅也是名產之一。不過在西安，觀光客及本地人雲集的回民街裡，有一家很出名的五味坊柿子餅。

位在回民街裡的柿子餅

　　在歷史古城西安，柿子餅也大有來頭。相傳在明代末年，闖王李自成亂世起義，率領義軍經過陝西往北京前進，陝西臨潼地區有一種火晶柿的品種，當地的百姓為了慰勞義軍，就將火晶柿子表皮沾了麵粉，在鍋上烙出柿子餅，給將士們吃，後來便成了當地的特色小吃。

　　如今在西安吃到的柿子餅，作法更為精緻，以牛油、桔子皮絲、核桃碎片等，加入糖與香料甜醬一起拌勻做成內餡，最後再包進柿子裡，外皮沾上麵粉入平鍋裡，加上些許油，烙出甜而不膩的西安柿子餅。一口咬下，外表略帶烙過的焦脆，散發柿子的香甜之氣，內餡從吃進口中至吞下，可感受到多層次的甜度。小小一個柿子餅剛烙好時有些燙口，卻更添美味。

　　有機會到陝西一帶，記得品嘗這種道地的小吃。由於當地有不少回民，這些食物多半會標榜清真，建議可多嘗試不同民族的風味料理。

涼皮

　　涼皮是西安常見的小吃，也是前面提過的「西安套餐」內容之一。既然稱為涼皮，就是夏天吃特別爽口，不過冬天也是隨處可見賣涼皮的攤商，西安人一年四季都會吃涼

西安四處可見的涼皮攤

孜然羊肉串

皮。涼皮吃起來的口感類似雲南菜的豌豆粉，常見的口味是麻醬涼皮，有米做的、也有麥做的。在回民街路邊攤的涼皮一份大約 5 人民幣。

　　在西安到處可見「魏家涼皮」的連鎖店，經過時不妨進去點上一盤，嘗嘗西安小吃的質樸味道。

烤肉串

　　在西安因為回民多，加上西北口味喜歡吃烤肉，所以開玩笑的說：在一條街上走五步，肯定能看見一攤賣烤肉的。五步也許是誇張，但在熱鬧的西安街巷裡，要找到賣烤肉的攤子真是一點都不難。許多戴著白色小帽的回民賣的烤肉飄散孜然香味，也許小攤看起來不起眼，但站在街邊來上兩串烤肉，和朋友聊天、喝啤酒，確實是西安人常見的休閒消遣！

嘹咋咧是陝西話，意思是美得很

樊記臘肉汁美食名店

蓮湖公園外也有個回民街的入口

回民街可找到許多西安道地小吃

蓮湖區。

【蓮湖公園】

貞觀四年（630年）唐太宗征服東突厥後，西北邊疆民族向太宗獻上尊號「天可汗」，除了是對唐朝天子至高無上的尊敬，同時也形成當時的一種國際聯盟，唐朝皇帝實際上為國際盟主。「天可汗」的權責有：冊封諸王、調派聯軍等；最鼎盛的時期是唐太宗至高宗年間，當時從東亞至中亞的諸蕃君長都以唐朝馬首是瞻。

從西周承襲下來的禮制，其中大朝會是規格最高的朝儀，在西周時，天子有至各封國巡狩的責任，封國的諸侯也有定期向周天子朝覲的職責，雖然後來封建制度瓦解，但這樣的朝禮卻一直流傳下來，成為歷朝歷代重要的大事。它既是一種禮制，同時也是天子對各方諸侯與大臣王權約束的展現。

　　蓮湖公園是西安歷史最悠久的一座公園，座落在西安市中心的蓮湖區。目前是一座免費進入的公園。還記得在網路上看到中國觀光客到臺灣自助旅行時，最意外又感動的是許多景點都免費或門票低廉；的確，在中國旅行有一筆預算不能忽略，就是各大景點的門票。因此在當地自助，如果遇上免費進入的景點，內心都會有一種賺到的感覺。這種彷彿應該是去歐洲旅行的內心 O.S.，如今也適用於中國了！

　　蓮湖公園最為人津津樂道的是一千多年前，它正是唐代皇城太極宮的正門──承天門所在地。太極宮是皇城中心，當時太極宮是加上掖庭宮、東宮合在一起的總稱，共有十座城門，其中最重要的就是承天門。在當時是皇帝與朝臣議政及舉辦重大活動的場地，像是皇帝的登基大典、接待外國使臣，都會在這裡舉行。還記得在電視劇《武媚娘傳奇》

蓮湖公園大門

蓮湖公園內景色

裡，當時的武如意剛從掖庭受罰回到宮中，就是在「大朝會」這個萬國朝覲「天可汗」的盛大活動中，運用機智脫穎而出，重新登上榮寵，還受唐太宗賜名「媚娘」。

明代時，朱元璋的次子朱樉曾被封為秦王，來到現在的西安赴任，引水造池，廣植蓮花，成為蓮湖公園的前身。如今來到這座公園已不復見大唐盛世的點滴，反倒是被湖光景色及老人、小孩們的日常身影給吸引目光，冬季的蓮湖看不到蓮花，但水上活動興盛，孩子的嬉笑聲與童趣，交織成西安最日常的景色。

蓮湖區離眾所周知的西安鐘樓不遠，鄰近地鐵北大街站，如果剛巧在這一帶下車，不妨就近到蓮湖公園走走，順便感受一下當地居民的生活百態。

蓮湖公園

交通：搭地鐵2號線至「北大街」站下車，從B或C出口往蓮湖街步行約5～7分鐘即達。

西征必備書墨：詩詞篇

冬季的蓮湖依然遊人如織，可惜看不見蓮花；夏季的蓮湖就一定是荷葉田田，蓮香芬芳了。「荷葉羅裙一色裁，芙蓉向臉兩邊開。亂入池中看不見，聞歌始覺有人來。」王昌齡這首詩寫出亭亭玉立的碧綠荷葉，和採蓮少女的綠色絲羅衣裙就像同一色剪裁而成，渲染成一幅和諧美妙的圖畫。採蓮少女混入荷花叢中無法分辨她們的蹤跡，直到聽見了歌聲，才發現她們的存在。王昌齡巧妙的運用聽覺，營造出若隱若現、似有若無的情趣，這番描寫既真切貼近生活，又帶有濃郁的童話色彩，不得不佩服詩人的豐富想像力！如果到蓮湖公園賞荷花，除了盡情徜徉在湖光山色中、豔麗奪人的荷花叢裡，不如喚起童心玩場捉迷藏吧！

鼓樓日景

鼓樓夜景

【鼓樓與鐘鼓樓廣場】

西
征
必
備
知
識
：
歷
史
篇

鐘鼓樓廣場又稱「尚書省廣場」，在唐代這一區就是下轄吏、戶、禮、兵、刑、工六部的尚書省辦公所在地。唐代的宰相制度是三省制，分別為管理負責草擬詔令與決策的中書省，長官稱中書令；以及負責審核封駁的門下省，長官稱侍中；另一個即掌理六部及執行政策的尚書省，長官稱尚書令。

三省長官會在政事堂共同商討與協調，達到集思廣益及提升效率的目標，皇帝所頒布的政令如果沒有政事堂通過是不能執行的，這樣的三省制有節制君權的好處，同時也可以各司其職與互相監督，是帶領唐朝走向多次盛世的重要關鍵。

　　大概所有到西安的觀光客都不會錯過鐘鼓樓廣場這一帶，就像到臺北沒去101，或者到紐約沒去時代廣場一樣，這幾乎是不太可能會被錯過的地點。而鐘鼓樓廣場也絕對是初來乍到的觀光客集散之地，舉凡找住宿的旅館、回民街的美食攻略，進而擴大到碑林區一帶的景點，都以此當中心點向四周擴散。

　　西安的鐘鼓樓廣場與鼓樓被劃為西安蓮湖區，但僅一路之遙的鐘樓則被歸為碑林區，不管是哪一區，其實都位在西安的市中心。搭地鐵2號線走C出口，即可到達鐘鼓樓廣場，順道參觀鐘樓及鼓樓。

　　鼓樓建於明初洪武年間，清朝時重修過兩次，在明清兩朝鼓樓的附近都是衙門等公家機關所在地。所謂「晨鐘暮鼓」，擊鼓三聲是三更，五聲是五更，這是古代百姓習慣聽鼓聲而成為作息的依據，因此鼓樓必須建高樓，讓鼓聲響徹全城。鼓樓比對面的鐘樓早建幾年，在兩者之間的鐘鼓樓廣場，則是占地2.15公頃的大型綠化廣場，而這座鐘樓

地鐵鐘樓站裡往鼓樓的指示

鐘鼓樓廣場日景

也是目前中國保存形制最大且完整的一座。

　　白天到這一帶走走逛逛時，別忘了晚上也再次到訪駐足欣賞一番，因為我覺得鼓樓的夜景在燈光襯托之下，真的是非常美麗，令人有種身在古都恨不得立刻穿越回漢唐盛世，真正當個長安百姓的雀躍感呀！

鼓樓與鐘鼓樓廣場

交通：搭地鐵 2 號線至「鐘樓」站下車，從 C 出口步行即達。
門票：成人 35 人民幣，也可買鐘鼓樓聯票 50 人民幣。可另外付費敲鼓，淡旺季收費略有
　　　差異。
時間：08:30 ～ 18:00
表演：每日六場，上午自 9 點開始每整點一次，下午從 3 點開始每整點一次。曲目有「戰
　　　鼓風雲」、「歡天喜地」、「黃河船夫」等幾首。

INFO

西征必備書墨：詩詞篇

　　所謂「鳴金擊鼓」是國家邊防非常重要的訊號，古時兩軍作戰時，用鼓和金發號施令，擊鼓則進，鳴金則退。駐邊防守的戍鼓聲若響起，表示戰亂起，家破人亡，兄弟四散天涯，所以社會寫實派的詩人杜甫就寫過：「**戍鼓斷人行，邊秋一雁聲。露從今夜白，月是故鄉明。**」遠征沙場的遊子，是否能平安歸鄉仍是未知數？面對著月光皎潔的夜晚，怎麼能不想起自己的故鄉呢？杜甫一生顛沛流離，漂泊不定，經常遠離故鄉、遠離親人，他對於自己的家鄉和親人思念情切，刻骨銘心。在戰亂威脅之下，杜甫心繫故鄉，詩句以清新的語言抒發了詩人處在國破家亡遭遇中的痛苦之情，字字傳情，句句達意，具有很強的藝術感染力。

回民街生意很好的老孫家，無人不知　　回民街是覓食好地點

【回民街】

「拜火教」又稱「祆教」，由波斯人瑣羅亞斯德於西元前六世紀創立，教義上提倡「二元論」，認為世界是光明與黑暗、善良與邪惡並存。不論人最後是善還是惡，都會經歷末日審判。這樣的教義後來深深影響了猶太教與基督教的發展，出現了天堂與地獄的概念，而祆教中的惡神阿里曼（Ahriman）也成為基督教所謂的「撒旦」。波斯人主張以火敬禮真神，所以「祆教」又稱「拜火教」，在波斯王大流士一世（就是發動波希戰爭的著名君主）時定為國教，後來於北魏時傳入中國，隨著西域與貿易的開通，在中國的大城市也有許多專屬於這些外國人群居的地點。金庸武俠小說《倚天屠龍記》裡的明教，就運用了拜火教的元素，包括最令人憐愛的女配角波斯光明總教聖女——小昭。看到這裡，是否覺得其實拜火教好像也不是這麼陌生呢？

　　賣座電影《狄仁傑之神都龍王》裡，有一幕當男主角帶著花魁銀睿姬躲進拜火族的屠房，還一邊說著：「洛陽有十萬外國人，就算內鬼要追到這兒，也要花上不少時間……」電影裡他們一方面要找辦案線索，另一方面要把握機會讓中蠱的元公子儘快恢復意識，早日說出破案關鍵。這段劇情中提到的拜火族屠房，令人不免會聯想到在西安以美食著名的回民街。

　　回民街算是西安的市中心，鄰近鐘樓，交通四通八達非常方便。來自世界各地的背包客也都喜歡挑選這裡作為住宿首選，因此有非常多富有中國傳統色彩或西北風情的復古式旅館，現代與傳統交錯，向來就是吸引觀光客的亮點。

　　在過去，長安是中國第一個人口超越百萬的大城市。作為絲路的起點與終點，多少有來自古時大秦（羅馬帝國）及阿拉伯帝國的商旅到這裡經商及交流，長安城一直就是多元種族與文化的薈萃之地。直至今日，回民街歷史街區一帶有十座清真寺，仍有兩萬

位於回民街北院門附近，招牌菜是褲帶麵

曾經住過榜眼的宅子，進去須門票，可以看皮影戲

左右的穆斯林在這裡定居，依照著他們的傳統過生活，這座千年古都，光是幾條街弄，就足以娓娓道來說不盡的故事。

　　來到這裡別忘了當個道地的西安人，早上就可以到當地小店來碗羊肉泡膜，或是到著名的賈三清真灌湯包子館當個饕客，就算路邊賣的柿子甜餅及玫瑰鏡糕，都是令人欣喜的美食體驗。西安的回民街，大概就如同北京的王府井，是一座城市的美食地圖與景點安排的中心點呀！

回民街

INFO

交通：
1. 搭地鐵 2 號線至「鐘樓」站下車，步行約 5 分鐘即達。
2. 搭公交 4、6、7、8、11、12、15、16、26、29、游 7、游 8（610）路至「鐘樓」站下車，步行約 5 分鐘即達。
3. 回民街目前有兩條電瓶車線路，票價 2 人民幣，招手即停。

西征必備書墨：詩詞篇

提起好吃的餅類，不由自主就想起胡麻餅。餅上撒了一層薄薄的芝麻，連中唐詩人白居易都愛吃呢！「**胡麻餅樣學京都，麵脆油香出新爐。寄與飢饞楊大使，嘗看得似輔興無？**」白居易寫這首詩時，正在四川忠州為官。他說忠州的胡麻餅完全是按京都長安的方法烤製，麵皮脆酥油香，他把剛烤出的胡麻餅派人送給萬州刺史楊萬州，讓他品嘗一下是不是跟京都最受歡迎的輔興坊烤得一模一樣？短短四句詩，就把胡麻餅的特殊風味及受歡迎程度，生動地描寫出來。

這裡的楊萬州是白居易在京都認識的好朋友楊歸厚，兩者同是天涯淪落人，被貶謫的地方相距不遠，白居易知道楊歸厚喜歡麵食，特別送上家鄉味一同品嘗，分擔離鄉背井之苦，我們也可從詩句中的美味，體會出詩人之間深刻的情誼呢！

大清真寺入口處一景

在回民街看到化覺巷的牌坊就可依指示前行

【化覺巷清真大寺】

西征必備知識：歷史篇

《先賢古蘭譯文考》寫道：「伊斯蘭自唐傳入中國，至宋朝而漸盛，至元朝而極盛。」學界大抵都認為伊斯蘭教是在唐高宗年間傳入中國。穆罕默德於七世紀創教後，在他去世前大約已經將這政教合一的政權擴張到阿拉伯半島，之後的四大哈里發時期，也是伊斯蘭教擴張到橫跨到歐、亞、非三洲大帝國的時刻。雖然到了第四任哈里發時，今敘利亞的總督另立新的「奧瑪雅王朝」，開始了阿拉伯帝國數個世紀的分裂，但這個宗教已經在短短的一百年間，透過阿拉伯商旅的經商，從海上香料之路及陸上絲綢之路，對世界產生了莫大的影響。

在西安有許多回民，自然清真寺也不可少。通常當地人都會非常推薦位在化覺巷內的大清真寺，因為是西安最早的清真寺，自唐天寶年間（742 年）就佇立在此，看過了超過千年的繁華起落。而這座清真寺同時也被列為中國的四大清真寺之一。

從回民街裡的化覺巷入口步入，窄窄的巷弄兩旁盡是伊斯蘭教用品店，或是當地紀念品小物，倘若細看大概要逛掉不少時間。如果以為這座清真寺會有洋蔥式圓頂及尖塔，那可就錯了。其實沿著巷弄內灰色的牆面直到看見大清真寺入口，始終都是非常中國風味。直到買票進入寺內，看見大大的石碑寫著「陝西省第一批重點文物保護——清真寺」，才真正有來到了回族之地的感覺。

也許是伊斯蘭教不需焚香祭拜，因此建築物保存完整良好，明清兩朝時曾多次重修與擴建，完整把中國建築的四進院及亭、樓、殿、閣呈現其中。經過五間樓進入二進院，這裡是明代進入清真寺的正門，可以看見石牌坊。二進院內還可以欣賞到中國名書法家米芾及董其昌的真跡。雖然建築基底是中國式，但雕刻與布置又可以看見伊斯蘭建築的

從鼓樓後方步行幾步即可看到化覺巷入口　　　　　明朝時留下的古蹟

特色——阿拉伯文及花草藤蔓。因為融合兩種文化，所以此清真寺也被列為伊斯蘭教的世界遺產。

　　這裡觀光客不多，外頭是熙攘熱鬧的回民街，不過轉身進了巷，只消幾分鐘就彷彿走入另一個天地，感受宗教氛圍的寧靜與舒暢。也許西安有更多大氣又知名的景點，但對我而言，於金黃夕陽下漫步在漢回交錯的清真寺，真是很特別的西安回憶。

化覺巷大清真寺

交通：搭地鐵 2 號線至「鐘樓」站下車，從 C 出口沿著回民風情坊的指標步行約 5 分鐘，即可看到鼓樓。接著往北院門方向走就會看到化覺巷的入口，從小巷子走進去便可找到清真寺。
門票：旺季 (3 月至 11 月) 25 人民幣。淡季 (12 月至隔年 2 月) 15 人民幣。
時間：08:00 ～ 19:00，夏季可能會開放到 20:00。

西征必備書墨：詩詞篇

漢回文化融合下，習俗必定會交互影響。元稹〈法曲〉：「自從胡騎起煙塵，毛毳腥羶滿咸洛，女為胡婦學胡妝，伎進胡音務胡樂。」生活在熱鬧西安的百姓，對於異文化的吸引力，就如同現代的「哈韓」、「哈日」風潮。金庸在武俠小說《書劍恩仇錄》中，描述回族喀麗絲出場時，跳著舞唱著歌，吃花不吃肉，宛如天使一般的女子。在劍拔弩張的最危險時刻，喀麗絲出現在清兵和回部兩軍對壘的陣前，其人間所無的美貌，竟讓數萬軍兵目瞪口呆，鬥志頓失。這驚為天人的描寫、動人心魄的筆觸，美麗奇蹟般地籠罩著魔雲幻霧，重要的關鍵在於喀麗絲的裝扮與歌聲，證明了異文化的吸引力。

丹鳳門正門入口處

正在進行考古研究的工作人員

未央區。

【大明宮國家遺址公園】

　　大明宮建在龍首原的黃土臺地之上，為唐代三大宮之一，始建於唐太宗年間，完成於唐高宗年間，是初唐到盛唐時期的政治中心。它的面積是北京紫禁城的四倍之大，一樣有分前朝與內庭。

　　如果是從正門丹鳳門進入，可以先看見正殿含元殿，是當時的外朝，舉辦大朝會及重大集會所在地；接下來會見到中朝的宣政殿，唐代的三省六部制中，負責行政草擬詔書的中書省及封駁的門下省均在

太液池遺址

1~2 思政殿遺址　3~4 紫宸殿遺址

此處；再往裡走可以看見紫宸殿，這裡是皇帝的起居中心，也稱內朝。不過如果想以參觀紫禁城一樣的心情遊覽大明宮，可能會失望，因為這是遺址公園，目前最有看頭及挖掘出來較完整的宮殿建築就是含元殿，其他仍屬在挖掘及修復的階段，要在大明宮內感受大唐極盛時期的風華，需要發揮大量想像力自行在腦海中復原。

也許搭配電視劇會比較容易想像，最有名的是以太平公主為主角的《大明宮詞》。此外，還有一個以唐代大明宮為背景的電玩「宮廷計」，從遊戲中的任務也可以稍稍滿足對大明宮的想像。例如到達一定的身分及技能數字便可以到紫宸殿拜見皇上，想要升官及打通人際關係則要多到宣政殿走走……等。

再往下走則可以見到太液池（又名蓬萊池），這裡過去是唐代重要的皇家池苑，位在大明宮的北部。此處已經屬於內庭的部分，其中較有看頭的是麟德殿，是皇帝宴客及招待國外使臣的場所，唐代的大臣都以能受邀進入麟德殿赴宴為榮。

由於這裡主要是高宗朝的政治中心，在偌大的遺址公園漫步時，除了可看到工作人員進行考古遺址挖掘的工作，真正具體的大型建築不多，大多為黃土臺地，以及後來新增的塑像可供拍照，有一系列以「日落大明宮」為主題的雕像，雖然非常人工又突兀，但在光禿禿的遺址公園裡也算是拍照的熱點了！

1~3 含元殿遺址
4~5「日落大明宮」主題雕像

1~2 龍首渠　3 往麟德殿遺址指標　4 遊園小火車　5 龍首原黃土臺地

大明宮國家遺址公園

INFO

交通：
1. 搭公交 409、517、703、707、708、801 路至「含元路口」站下車，東行 100 公尺即達；或者搭 2、216、528、717 路至「丹鳳門」站下車。
2. 搭地鐵 2 號線至「大明宮西」站下車，但需步行約 30 分鐘才會到大明宮西側門口。
門票：套票 60 人民幣，可參觀遺址區及博物館；也可選有包含景區小火車及 IMAX 電影的聯票購買，價格不同。
時間：09:30 ～ 18:00

西征必備書墨：詩詞篇

電視劇《大明宮詞》中的太平公主，是中宗的妹妹，武則天的女兒。在電視劇中是鮮見用第一人稱方式來鋪陳的故事，因此我們可以從周迅飾演的太平公主一窺其生平，這位曾經集三千寵愛於一身、後來卻歷經風霜的帝國公主，垂垂老矣地坐在搖椅上，親口講述她所看到、所經歷的一切：大明宮的繁華與空虛、李氏家族大唐王朝的興起。在元宵節邂逅有緣無分的薛紹：「眾裡尋他千百度，驀然回首，那人卻在燈火闌珊處。」兩人相愛結為連理，但在母親政治黑暗漩渦的波及，即使是駙馬，也被「杖責一百，餓死獄中」。太平公主的幸福就這樣煙消雲散，證明了即使貴為公主，也有無法如願以償的愛情遺憾。

丹鳳門遺址博物館門口　　　　　　　　　　　夕陽下閃著金色光芒的丹鳳門

【丹鳳門】

西征必備知識：歷史篇

根據東漢鄭玄注《禮記・玉藻》曰：「天子及諸侯皆三朝。」其中外朝一，內朝二，唐代長安的三朝分別為：外朝奉天門、中朝太極殿、內朝兩儀殿；此外《禮記・明堂位》曰：「天子五門：皋、庫、雉、應、路。」皋者，遠也，因此皋門是王宮最外面的門；應者，居此以應治，有治朝之意；庫有「藏於此」之意，所以庫門內多有庫房；雉門，天子應門，有借喻皇統之意；路門為燕朝之門，門內即路寢，為天子及妃嬪之所。唐長安有五門：承天門、太極門、朱明門、兩儀門、甘露門，從上述所知，長安城為正規城制的布局，是自戰國以後，重啟完整城市設計的典範。

　　丹鳳門是大明宮的正門，地位與太極宮的承天門相同，都屬宮城正門，從門道寬 8.5公尺可知丹鳳門地位之尊、等格之高、規模之大，均居都城門闕之首。這座城門建於唐高宗年間，城牆上的丹鳳樓與含元殿、宣政殿、紫宸殿相望，形成大明宮的中軸線，古代的御駕便從此通過，凡登基、改元、大赦等大事都於此舉行。

　　目前在丹鳳門旁有遺址博物館，如果沒買套票光是參觀的門票也要 60 人民幣，裡面可以看到唐代建城時留下的長方磚及其他建材，另一邊還有一座 IMAX 電影院，是西北地區首座巨幕的 IMAX 數位影院，其中《大明宮傳奇》每小時播映一場，每場 35 分鐘。故事內容是由一幅壁畫呈現出大朝會中，來自波斯的王子為了得到大唐郡主明月的愛，參加了禁軍演武大賽，情節中對舞樂及馬術等都有很精采的演出。

　　事實上大明宮遺址公園非常大，如果時間有限，但又想體驗盛唐時期最重要的宮殿精華，就直接從丹鳳門的正門進入景區，看完 IMAX 電影，再步行不久即可到達含元殿遺址。這樣大概就算是沾到皮毛的最精華玩法了！

丹鳳門

IMAX 電影院播放《大明宮傳奇》

丹鳳門

交通：搭公交 409、517、703、707、708、801 路至「含元路口」站下車，東行 100 公尺即達；
　　　或者搭 2、216、528、717 路至「丹鳳門」站下車。

門票：套票 60 人民幣，可參觀遺址區及博物館；也可選有包含景區小火車及 IMAX 電影的聯
　　　票購買，價格不同。

時間：09:30 ～ 18:00

西征必備書墨：詩詞篇

從丹鳳門可以直抵雄偉的含元殿，含元殿建造時充分利用了龍首的高地，威嚴壯觀，視野開闊，可俯瞰整座長安城，詩句「**千官望長安，萬國拜含元**」就形容了它當時的巍峨氣勢。在《紅樓夢》中，大觀園竣工後，賈政（賈寶玉的父親）命寶玉題匾，寶玉命名「**有鳳來儀**」。由於賈寶玉的姐姐元春是當朝皇上的妃子，大觀園是給妃子賈元春省親的別府。賈寶玉題此名，就是歡迎貴為皇妃的姐姐，如鳳般歸來並帶來祥瑞，其儀態見識可為天下母親的模範。但是當了貴妃的賈元春，仍然敵不過人世無常，忽然因病夭亡，榮華富貴曇花一現。賈府靠貴妃成為皇親國戚得來令人欣羨的權勢與富貴，但人死一場空，作為一個政治犧牲品而過世的元春，在賈府衰敗之前，也表明了賈府中的女兒們，難以避免的悲劇下場。

鐘樓夜景

碑林區。

【鐘樓】

西征必備知識：歷史篇▼

《周禮‧考工記》載：「匠人營國，方九裡，旁三門，國中九經九緯，經塗九軌，左祖右社，前朝後市，市朝一夫。」戰國時代後期，封建制度開始瓦解，社會階層開始上下流動，手工業及商業開始發達，其中煮鹽、冶鐵、紡織這幾項最為蓬勃。而《周禮‧考工記》就是記述齊國各種官營手工業設計規範和製造技術的書，同時也是中國最早工業規範用書。在書中便記載城市建設該有的規模與設置，從戰國時期一直影響歷朝歷代的建城。

唐代的市坊制度相當嚴格，市為商業區、坊為住宅區。西市多為阿拉伯等外國商人集散之地，生意比東市還繁榮，日落之後實施宵禁。自隋以來重新規劃建造的大興城，九經九緯棋盤式的市坊制度一直是隋唐的主流。到安史之亂及唐末黃巢之亂後，開始無法確切執行與重整城牆，出現了墟市與草市，成為市集及夜市生活的開端。直到明朝才又重新回歸前朝後市的城市建置，這可以從北京城得知一二。由此可知，許多朝代的城市建築莫不與《周禮‧考工記》這本書有關係呀！

　　鐘樓比鼓樓晚建了幾年，同樣建於明初，鐘樓整體以磚木結構為主，從下至上依次由基座、樓體及寶頂三部分組成。在古代擊鐘報晨，擊鼓報暮，因此西安城內的鐘樓與鼓樓是必須相提並論的姐妹建築，另外也有文武樓之稱。

　　現在登上鐘樓還可以順便看看展覽，內容包括皮影戲、明清家具與瓷器，若以鐘樓為座標，其四個方向發展成西安市的北大街、南大街、東大街與西大街。來到西安，站上這裡便大概可以把這座城市的基本方向建立出初步概念。

　　明代時的鐘樓是以一座景雲鐘作為鎮樓之寶，據說明成祖剛登基不久，西安發生地震，有道士建議建一座鐘樓震住地底下的蛟龍，於是有了這座西安鐘樓。當時定都南京的明太祖還曾經一度考慮遷都西安，不過後來作罷。目前這座景雲鐘被擺置在碑林博物館，是重點文物，每到新年時會將過去曾錄好的鐘聲，作為吉祥祈福的新年鐘聲播放。記得參觀完鐘樓別忘了順道去鼓樓走走，一覽這兩座代表西安的城市地標。

鐘樓

INFO

交通：搭地鐵 2 號線至「鐘樓」站下車，步行即達。
門票：成人 35 人民幣，也可買鐘鼓樓聯票 50 人民幣。可另外付費敲鼓，淡旺季收費略有差異。
時間：08:30 ～ 18:00
表演：每日六場，上午自 9 點開始每整點一次，下午從 3 點開始每整點一次。曲目有「春江
　　　花月夜」、「鐘樓神韵」、「彩雲追月」等。

西征必備書墨：詩詞篇

　　提到鐘樓，響起鐘聲，沒有人不會悠然吟誦起這首詩吧！「**月落烏啼霜滿天，江楓漁火對愁眠，姑蘇城外寒山寺，夜半鐘聲到客船。**」作者張繼因鄉愁而無法成眠，聽見的夜半鐘聲，格外令他憂傷。因此，歷代文人到寒山寺，都要駐足聆聽這裡的鐘聲。據說，寒山寺的鐘聲可喚醒人們忠誠善良的本性，有預祝人們幸福安康的意思。清代有位詩人船泊楓橋時已是半夜，正值江南煙雨霏霏，卻堅持還要登岸去寒山寺，寫下「**十年舊約江南夢，獨聽寒山半夜鐘**」的詩句。可見暮鼓晨鐘，從古至今皆能洗滌靈魂，喚醒內心最深沉的自己吧！

鐘樓日景

書院門入口牌坊

寶慶寺華塔，在書院門入口處旁

【書院門步行街與關中書院】

西征必備知識：歷史篇

書院是有別於官學的另一套教育系統，在唐代以後開始興盛，一直到明清兩朝，一千多年來都是民間主要求學的管道之一。大多都是由名生大儒至書院講學，吸引各地有才學者來互相切磋、研究學問。

眾所周知文學發達的宋代，有著名的四大書院，分別是：江西白鹿洞書院、河南應天書院、河南嵩陽書院及湖南嶽鹿書院，那是一段文人重視氣節與自身責任的美好時代。到了明代無錫的東林書院，因為正直剛敏不阿的氣節，如左光斗這樣的大儒，得罪了當朝掌權的宦官，發生了「東林黨事件」，使得儒生受到迫害，九千歲魏忠賢下令毀書院，使得書院發展一度受到重大的挫折。

關中書院現為陝西師範學校，不能隨意參觀

　　西安的書院門過去曾經住過許多名人，像是民國時期的于右任先生。而明清時期陝西最高學府——關中書院，也位在書院門內的步行街上，目前這裡是西安師範學校的所在地。

　　現在到這一帶參觀，可以從書院門北側的寶慶寺華塔開始看起，一路走進書院門步行街，然後到達碑林博物館、孔廟、下馬陵、西安城牆、永寧門等，規劃個半日或一日遊，行程就相當豐富。這一段西起南門、東至柏樹林街口的路線，可以說是書院門景區的步行精華地點，兩邊都是仿古的建築，地上鋪著青石，街上賣的都是文房四寶、書墨帖等文化藝品，價格從幾十至上千人民幣的都有，如果不擅長此道者，建議買買便宜的當作紀念即可。這些店家從早上開始至傍晚左右就差不多收店了，想逛逛步行街感受古代文青風的遊客，記得早上來比較熱鬧。

　　至於路口的寶慶寺華塔，最早是隋代寶慶寺的建築，後來這座寺在五代時遭焚毀，只剩這座塔存在。當初因為蓋塔時用的是五色磚，外表看起來像花，就用諧音的「華」來命名此塔。而在步行街內可以看到的龍爪槐，是後來政府把原先的老樹砍掉，全都改種龍爪槐，這條街道看似古色古香，實際上新舊交錯，是真古蹟與仿古物的綜合體呀！

1
2

3
4

1~4 書院門步行街充滿書香古玩

書院門步行街與關中書院

交通：1. 可搭摩的直接喊價至目的地，快速方便。
　　　2. 搭公交 608、40、29、46、6、512、35 路至「南門」站下車。
　　　3. 搭地鐵至「永寧門」站下車，過南門往書院門方向，步行約 15 ～ 20 分鐘即達。
時間：現為西安師範學校，不能隨意進入參觀。

西征必備書墨：詩詞篇

書院，是沉潛士人最重要的地方。讀聖賢書，所學何事？書院便是智慧累積，修養人格的重要場所。關於學習過程的描述，最令人印象深刻的莫過於朱熹的〈觀書有感〉這首詩：「半畝方塘一鑑開，天光雲影共徘徊，問渠那得清如許？為有源頭活水來。」朱熹在讀書後，胸中所得新意，與半畝方塘的活水不期而遇，象徵古今智慧的交流與輝映，用澄澈的心靈來欣賞隨處可見的風光。更點出生命的美好來自永不枯竭的活水，積極鼓舞生命的躍動。我們在千古之後吟詠這首詩，是不是也要努力去尋找生命中的活水？

1~2 位在南門邊順城東側，步行就可以看到下馬陵指標

【董仲舒下馬陵】

西征必備知識：歷史篇

想到董仲舒，就與「獨尊儒術」劃上等號，豈知漢代的儒家思想其實是包著糖衣的法家治國！漢武帝時期立下的「獨尊儒術」實則「外儒內法」，並且將儒家陰陽化。這種主張以儒家為體，陰陽家、法家為用，採取一套「天人感應說」成為漢代流行的思想。

「天人感應說」出自董仲舒的《春秋繁露》，原意為藉天意來警惕帝王行為，但後來卻被有心人利用，聲稱只要得到上天授命便可獲得統治權。造成西漢中後期，各種禪讓、符瑞之說並起。西漢末年更因「讖緯之說」迷信成風，導致成帝時期的王太后重用自己的姪兒王莽，成為權傾一時的外戚大司馬大將軍，最後弒帝並以金匱受命的預言，將自己的篡位鋪陳為禪讓的謊言。於是許多實行已久的制度，在新莽王朝遭到破壞，而劉姓宗室的大漢王朝也因此中斷了十五年。

如今的下馬陵其實並不難找，就位在和平門內西側順城巷，西至柏樹林南口，在這裡可以看見一塊路牌叫「下馬陵街」，下馬陵就位於下馬陵街1號、一座傳統民居式門樓內，牆上有寫著：陝西省第一批重點文物保護單位及「董仲舒墓」等字樣的石牌，這些差不多就是下馬陵的全部了。清康熙年間的知縣黃家鼎曾把下馬陵加以修葺，將今和平門附近這條街巷改稱下馬陵街。距離車來人往的永寧南門口不遠，與著名景點「碑林博物館」也很近。

雖是不甚受外來觀光客特別關注的古蹟，但下馬陵的故事還頗多，最重要的典故是漢武帝為了感念一代大儒董仲舒，他的「罷黜百家、獨尊儒術」改變了西漢初年以黃老治術為主的風氣，建立起儒家尊君重倫理秩序的觀念，對漢武帝中央集權及日後的雄圖霸業影響不小。因此在董仲舒去世後，漢武帝為他挑選墓葬之地，並在陵前修了董子祠，

1～2 在下馬陵附近就是孔廟，還有一棵大槐樹

連一向都是臣子向皇上下馬表示尊重的規定，也因為漢武帝在他陵前下馬，後來形成不成文的規定，上至大臣下至庶民經過此處都要下馬步行。

　　另一則關於下馬陵和董仲舒的故事，就比較充滿浪漫神話色彩。因為據說董仲舒是董永的兒子，沒錯！就是那個家喻戶曉的七仙女故事。但畢竟「人仙殊途」，所以王母娘娘差遣天兵天將把七仙女強行押回天宮，從此父子相依為命，直到董仲舒十二歲時董永去世。後來董仲舒被好心人家收養，接受養父母栽培，年紀輕輕就成為一代大儒，深得漢景帝喜愛，被提拔為博士。名著《春秋公羊傳》、《天人三策》、《春秋繁露》影響當代思想深遠。

　　書院門及碑林博物館都是西安不可錯過的地點，知道了更多漢代大儒董仲舒的軼事，下回造訪這兩處時，不妨步行繞道至旁邊的下馬陵看看吧！

下馬陵

交通：南門順城東側，往碑林博物館方向經孔廟即可看見下馬陵街。

西征必備書墨：詩詞篇

北宋司馬光是位愛書人，在司馬光家中的花園裡，有一座「獨樂園」，建有「讀書堂」，其中珍藏著萬餘卷文史方面的書籍。這些司馬光早晚所經常閱讀的書籍，雖然已保存長達數十年了，仍然都像從未用手觸摸過的新書一樣。他特別讚美董仲舒的好學不倦：「所居雖有園，三年不遊目。」為了專心讀書，三年足不出戶，不下閣樓，也不讓自己有嬉戲遊樂的念頭。完成「罷黜百家、獨尊儒術」的創新改變，這份努力確實值得下馬表示尊敬！

司馬光愛書惜書，就因為書冊有香有味，讀來如見故舊知己，神遊其中可與古今哲人交換想法與見解，這是現代電腦閱讀器無法比擬的情感。近世網路盛行之下，閱讀實體平面書籍的人越來越少，如能像司馬光這般惜書，如能像董仲舒這般愛書，何愁不能讀好書呢？

1 碑林博物館大門　　2 一進博物館必須看的《石臺孝經》就擺在這座亭子裡　　3《石臺孝經》

【碑林博物館】

唐朝是相當開放並多元文化包容的朝代，不僅佛、道二教在此朝代發展興盛，來自波斯、大食（阿拉伯帝國）等地的宗教，也在唐朝有許多信徒。其中為人熟知的伊斯蘭教成為中國回民的重要信仰。而由敘利亞人聶思脫里斯所創的景教，則是基督教的另一支派，但因教義與傳統不合，在東羅馬帝國時被禁，後來於唐初傳入中國，宣宗以後開始衰廢。不過在流行期間，一塊刻有敘利亞文與漢字的「大秦景教流行中國碑」成為最佳的時代見證。

在歷史古城西安，到處都是古蹟，但是問當地人哪一個古蹟不可錯過，大家一定會說別忘了到「碑林博物館」走一趟吧！這座博物館始建於北宋年間（1087年），原為保存唐開元年間鐫刻的《十三經》、《石臺孝經》而建，後來規模逐漸擴大，至清代開始稱「碑林」。1992年正式定名為西安碑林博物館。

博物館分為碑石、墓誌及石刻造像三大部分。喜歡書墨的人可以在裡面找到秦到清代的歷代墨寶，像是：宋代摹刻的秦峰山刻石，原碑為秦國丞相李斯所書。而遊客都不會錯過的是《石臺孝經》和《開成石經》兩塊碑刻。《石臺孝經》碑文由唐玄宗以隸書寫碑文，又以楷書寫小字作注釋，碑刻成後再另外以行書在碑側作批註；此外碑額則是由唐肅宗以篆書所寫。另外《開成石經》因其刻成於唐文宗開成年間而得名，內容一共包括《詩》、《書》、《禮》、《易》、《春秋》等十二部經書。

碑林博物館的占地並不太廣闊，碑刻多依序擺放在室內，每室的門口都有指示牌告知在這裡面展示以哪一個朝代的書墨為主。如果要看張旭、顏真卿、柳公權等書法名家的珍品，都不會讓人失望。特別一提，這裡還有大量果親王允禮的墨寶，讓人一邊欣賞他的文采與字跡，一邊想像著電視劇《後宮甄嬛傳》裡他溫文儒雅的風範，藉此神遊一番也算有趣。

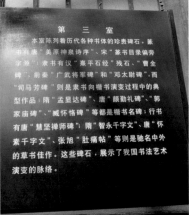

每間展示廳門口都有介紹牌說明入內的展物

至於宗教部分的碑石，大家絕不會錯過唐代懷仁和尚從東晉王羲之遺留的墨跡中選集而成的《大唐三藏聖教序碑》，絕對是經典中的經典。另一座會吸引人駐足欣賞的就是「大秦景教流行中國碑」，在歷史課本上讀過數遍，到底是怎麼回事，只有到碑林來才得以略窺一二。

離開了碑石區後，別忘了可以順道欣賞一下在碑林博物館內的明清建築風格，因為這座博物館原址是孔廟的舊址，所以外頭的照壁、牌坊、泮池、欞星門、華表、戟門、碑亭、兩廡等大多是當時保存下來的建築。

1~2 一定要看的「大秦景教流行中國碑」　3 康熙筆跡　4 戶外展區　5 果親王允禮的字跡

碑林博物館

交通：1. 可搭摩的直接喊價至目的地，快速方便。
　　　2. 搭公交 14、23、40、118、208、214、221、223、232、706、402、512、619、704、
　　　　 800 路至「文昌門」站下車。
　　　3. 搭地鐵至「永寧門」站下車，過南門往書院門方向，步行約 15～20 分鐘即達。
門票：淡季票價 50 人民幣（12 月至隔年 2 月），旺季票價 75 人民幣（3 月至 11 月）。
時間：淡季 12 月至隔年 2 月 08:00～18:00，旺季 3 月至 11 月 08:00～18:15（5 月至 10 月
　　　 至 18:45）。
攝影：館內可拍照，但不可開閃光燈。

西征必備書墨：詩詞篇

提到碑林，歷代珍藏的墨寶書畫都在這裡了。相信所有書法家，都視此處為朝聖之地。原是孔廟的舊址，不禁聯想起：「三千弟子標青史，萬代先生號素王。蕭索風高洙泗上，秋山明月夜蒼蒼。」這首讚美孔子的詩句，道盡了這位聖哲的風範，在千秋萬世的歲月中，孔子不僅成就了自己的功業，更是成就所有弟子的人生。在孔廟內所有的楹柱、門窗上，都看不到刻寫對聯或詩詞，令人感到格外清雅而莊嚴，這除了表示不敢在「孔夫子門前賣弄文章」，似乎也暗示孔子的實踐哲學，不僅傳授知識，更注重人格道德的培養與實踐。

1~2 湘子廟門口　3 湘子廟旁就是湘子門青年旅舍　4 往湘子廟街的指示牌

【湘子廟】

大家應該都聽過「八仙過海」的故事。大概是唐末時期，東海一帶有瘟疫，東海極東處有一座小島產治療瘟疫的藥，因此玉皇大帝派漢鍾離與李鐵拐下凡，找尋另外六仙共同對付東海龍王取得藥草，拯救蒼生。這個傳說已經許久未有人拍攝成電視或電影，卻一直在漢人的文化裡流傳甚廣。

至於八仙的版本，歷朝歷代各有不同，如：西漢時以淮南王劉安為主的「淮南八仙」、唐代時以李白為主的「酒中八仙」。至於現代大家熟知的漢鍾離、張果老、韓湘子、鐵拐李、呂洞賓、何仙姑、藍采和及曹國舅八仙，則是定型於明代吳元泰的《東遊記上洞八仙傳》二卷。

湘子廟位在南門裡的德福巷口，與書院門遙遙相望，從外頭的南大路拐彎進來，馬上感到別有洞天，這裡在唐代是皇城太常寺所在地，後來才逐漸成為民居巷弄。不知為何每回經過湘子廟都會在門前停留好些時候，總覺得這裡的氛圍很寧靜。在湘子廟旁還有一間訂房網上評價也不錯的湘子門青年旅舍，這棟被政府重點保護的民宅，據說是趙匡胤堂兄留下的祖宅。住在這裡交通很方便，還可以染上一身歷史古意。門口的竹子造型頗雅致，符合這裡是八仙中翩翩公子韓湘子成仙之處的傳說。

湘子廟入口牌坊

八仙是中國有名的道教信仰神祇，因此湘子廟也是一座全真道觀。建於五代至宋時期，後來元金時期遭遇戰火，明代時重修，因此廟是呈現明代規格。廟中的湘泉傳說是指當年韓湘子用此泉水釀酒，甘甜生香。另有一處湘子洞，相傳是當年他修身養性之所。很多人都聽過韓湘子是唐宋八大家韓愈姪孫的傳說，曾住在其官邸裡修行，得八仙中的呂洞賓與漢鍾離的教化，入終南山修道。到了五代時，他的形象已經被仙化，流傳至今。

湘子廟

交通：搭地鐵 2 號線至「永寧門」站下車，進入南門左邊步行數分鐘即達；或是搭公交 713、
　　　6、11、12、23、26、29、31、35、36、40、46、800、910 路至「湘子廟南門」站下車。
門票：無
時間：08:00 ~ 17:00

INFO

西征必備書墨：詩詞篇

八仙中的韓湘子，可是大名鼎鼎唐宋八大家韓愈的姪孫喔！他手中所拿的寶物名為「紫金蕭」，據說是南海觀世音菩薩紫竹林裡的一株神竹所製成。他天生有仙骨，率性而行，對於繁華豔麗事物感到厭惡，不喜歡讀書，不近女色，恬淡清幽。韓愈對於這位奇特的姪孫，仍是諄諄勸導他努力向學，但韓湘子卻對功名利祿完全沒興趣。後來韓愈在政壇上屢遭小人讒言陷害，韓湘子預知韓愈將貶謫藍關，告知韓愈，但韓愈卻不解天機。幾年後，韓愈因諫迎佛骨，惹得唐憲宗不悅，遠貶潮州刺史，於途中經過藍關，才恍然大悟韓湘子的提醒。「雲橫秦嶺家何在？雪擁藍關馬不前。知汝遠來應有意，好收吾骨瘴江邊。」此時才明白韓湘子所言真實，冥冥之中自有定數啊！

1～2 德福巷夜景

【德福巷與粉巷】

關於粉巷名稱的由來，除了賣麵粉、賣胭脂水粉兩說，還有更富討論性的說法。傳聞這裡曾是等待進宮的佳麗聚集之處，也因此空氣會瀰漫著不同的脂粉香。後來又說這裡是青樓之地，自然又是各種粉味曖昧的存在之處，據說唐朝大詩人白居易便常來此與紅粉知己把酒交心。光是想像這些畫面，粉巷的風尚似乎也就是千年以來培養出的氛圍吧！

1~3 德福巷日景

　　德福巷是到西安體驗文青氣息的必訪之處。上個世紀 90 年代時，開始保留老城街道原來的傳統中國建築風格，融合西式建築及酒吧餐廳的商業氣息，成功打造了一處可以代表西安，讓西方觀光客及各地年輕人晚上感受文化休閒的好去處。

　　德福巷不長，但一家挨著一家各有特色的咖啡廳、餐廳及酒吧，白天經過這裡前往粉巷，有種新婦晚起的慵懶美感。夜晚從粉巷的方向回來，則可以感受到現代西安年輕的氣息與時尚的味道。從湘子門一路步行經過德福巷到粉巷，短短的一段路程卻可以體驗好幾種長安風情。

　　粉巷是市中心的一條熱鬧巷道，地點在南大街與南院門之間。短短一條卻有不少商家，如一些頗有個人特色的小店，也有超市、餐廳、醫院。不像鐘樓或竹芭市那麼繁雜，是另一種鬧中取靜、屬於西安當地的散步小天地。粉巷這個名稱，一說以前這裡是賣麵粉的地方，二說以前是賣胭脂水粉的地方，後來許多人就說來粉巷遇見美女的機會大，其實也是因為這裡有許多服裝店，加上鄰近德福巷，潮女靚女自然就都出現在這裡啦！

1~3 粉巷有間很可愛的 ZOO COFFEE，裝潢成動物園風格，是家由韓國引進的咖啡店

德福巷與粉巷

交通：搭地鐵 2 號線至「永寧門」站下車，進入南門左邊步行數分鐘即達；或是搭公交
501、706、707 路至「粉巷」站下車。
門票：無
時間：全日，越夜越美麗。

西征必備書墨：詩詞篇

隨著電視劇《武媚娘傳奇》造成收視轟動，劇中媚娘的打扮就成了觀眾關注的一大熱點。雙眉間貼著梅花形狀的花飾，酒窩處以胭脂點紅，網路上甚至還有專門打扮成媚娘的軟體，大家一窩蜂爭相打扮成媚娘的樣子。《武媚娘傳奇》中，由范冰冰飾演的武則天，雙眉和現代打扮差別不大。而在電影《狄仁傑之通天帝國》中，劉嘉玲飾演的武則天，眉毛短而粗，且呈倒八字形。那麼，究竟唐朝女子如何裝扮呢？其實唐朝女子的打扮多采多姿，花鈿、胭脂、髮髻的式樣也千變萬化。白居易在《長恨歌》中描述：「芙蓉如面柳如眉，對此如何不淚垂。」可見每日精心打扮的楊貴妃，夢裡也是唐玄宗傾心思念的對象啊！

永寧門廣場四周都是高檔的購物中心及名品專賣店　　永寧門廣場四周商業區夜景

【永寧門與南門廣場】

西征必備知識：歷史篇

現在可以看到的西安古城牆是明朝朱元璋登基之後，花了約八年的時間修建。早年在他未稱帝前，曾有隱士朱升提醒他要「高築牆、廣積糧、緩稱王」。因此，當他成為明太祖後，便命各地府縣廣建城門。這道曾經叱吒一時的西安城牆，在明末崇禎皇帝時，闖王李自成從東邊的長樂門攻入，將其燒毀，並且在這裡自立為帝，國號「大順」。

　　西安四座城牆：東門「長樂門」、西門「安定門」、南門「永寧門」、北門「安遠門」，合起來的涵意就是「長安永定」。其中南門始建於隋代，歷史悠久，超過千年，是西安眾城門中最古老的。現在看到的永寧門，當時通稱南門，是明初重修，由於自古以來就是防禦性建築，因此城牆的厚實沉穩不在話下，從南門外的南關正街進到南門裡的南大街，通過護城河時，可以想見古時候當鐵鍊拉起橋封城門閉，兩軍交戰時的驚心動魄。

　　南方在中國信仰是火神的位置，為了讓祝融之災別發生，便將此門改名「永寧門」，有向火神祝禱祈求平安的意思。日間可以登上城門，在上面依個人體力選擇租腳踏車沿古城牆騎一圈，東西南北全繞完應該也要 2 小時。若是步行，則可以感受千年皇城的威態，俯瞰雁塔區或鐘樓。

　　晚上從地鐵永寧門站出來後，燈光下的永寧門連接著護城河及廣場區，非常有天朝

永寧門前有售票中心可登上古城牆參觀

出了永寧門回頭看護城河夜景非常美

的氣勢，即使天天經過的西安當地人，每回看見這個景象，都仍會有一股莫名的感動湧上心頭，這是一種身為皇城子民的驕傲感吧！永寧門內挨著城牆邊就是酒吧及餐廳、特色民宿的集散地，永寧門外在地鐵站四周則有大型購物中心及熱鬧商家。來到西安，千萬別錯過了親近西安古城牆的滋味。

永寧門與南門廣場

INFO

交通：搭地鐵2號線至「永寧門」站下車，出站即達；或是搭公交701路至「南門外」站下車，
　　　或者6、26、29路至「南門」站下車。
門票：登城門40人民幣
租腳踏車：單人車40人民幣100分鐘，雙人車80人民幣100分鐘，全程13.6公里。需先
　　　　　付押金200人民幣。
時間：08:00 ～ 17:00（旺季會更晚些）
表演：會有固定時間的演出，可提前向工作人員詢問演出時間表和地點。

西征必備書墨：詩詞篇

城門，自古以來都是重要防禦工事。城牆的發明使得戰爭方式更加千變萬化，而攻陷城池的手段出現時，相對也產生防禦城池的方法。在諸子百家中，墨家就是以守城著稱。由劉德華、范冰冰、崔始源、吳奇隆主演電影《墨攻》中，墨家代表革離為梁國守城，面對趙國層出不窮的攻城手段，施展各種守城之術，化解種種危機。《孫子兵法·謀攻篇》中闡明，戰爭真正的最大利益是不戰而屈人之兵，不費一兵一卒，就可以使敵人棄械投降，不傷城池內人民百姓，不犧牲財產物資，這是最上等的兵法。因此，「知彼知己，百戰不殆；不知彼而知己，一勝一負；不知彼，不知己，每戰必敗。」

位在草場坡的唐樂宮大門

裡面座無虛席，充滿中外觀光客

【唐樂宮】

盛唐歌舞中最出名的大概就是《霓裳羽衣曲》了！這首曲子是由崇尚道教的唐玄宗所創作，樂曲中呈現仙境縹渺的意境，有道教法樂的味道。曲子最開始是單人舞，當然以楊貴妃最能舞出其中精髓，唐玄宗吹奏樂曲，楊貴妃獨舞，堪稱是當代最美佳話之一！可惜這首曲子在安史之亂後，就很少在宮中演出，而且原始的樂譜也已殘缺，後來到南唐李後主時與大周后曾經整理殘譜，不過現在要看到唐玄宗時的完整版，已經不可能了！

　　來到十三朝古都西安，其實許多地方都有大型的仿唐歌舞表演可供欣賞，像是華清池的「長恨歌」、大唐芙蓉園的「夢回大唐」、西安人民劇院的「關中八景」等，各自都有不同的震撼與效果。我則是依照當地朋友推薦，選擇了到唐樂宮去欣賞「大唐盛世」。在大眾點評網訂了優惠價的票後，可以直接打電話去預約，雖然是優惠票價，但位子滿前面的，看得非常清楚。我自己是覺得到中國的古都旅行，晚上不妨安排一次這樣的表演活動，感受文化舞蹈的精粹。旅行的充電也應該包含藝術表演層面，如此一來會更加完整。

　　唐樂宮取意於唐代「五音八樂」和「歡樂殿堂」的雙重含義，現在購票看表演，基本上可以看到的舞碼有：樂器合奏《萬歲樂》、舞蹈《白紵舞》、《大儺》、《霓裳羽衣舞》、《秦王破陣曲》、《踏歌》，以及排簫獨奏《春鶯囀》等。表演時間大約是 1 小時 10 分鐘。我自己看完這些舞碼後，對秦王破陣曲最有感覺。大概也是因為我在西安旅行期間，

每天都跟著電視的進度在看《武媚娘傳奇》。唐太宗李世民在還未登基前，就是戰功赫赫的秦王，欣賞這齣舞蹈可以感受唐代有著胡漢融合特質的「新華族」那種豪邁與典雅。記得觀舞的當下，很多觀眾把這首曲子跟蘭陵王的《入陣曲》搞混，也許是大家都受電視劇的影響頗深，因為戲裡武媚娘剛入宮時，就是以一曲剛柔並濟的「蘭陵王入陣曲」擄獲了太宗皇帝的心呀！

唐樂宮

地址：碑林區長安北路 75 號路東（電子大樓正對面）

交通：1. 搭地鐵 2 號線至「南梢門」站下車，步行約 500 公尺。
　　　2. 搭公交 215、36、600 路至「草場坡」站下車即達。
　　　3. 可路邊招摩的，講價後直接拉車前往。

門票：只看歌舞表演（含茶水）每人 220 人民幣，如果有用餐則從 350 人民幣起跳。

訂票：如果有當地門號及支付寶帳號，可用大眾點評購票較優惠。如果沒有則可從官網訂票，或是上同程、攜程等當地旅遊網站訂購，也可到西安找旅行社幫忙訂票。

時間：18:50～21:40，表演 20:30～21:40，淡季 12 月 1 日至隔年 3 月 1 日並非天天有演出，請事先電話查詢及訂位。

西征必備書墨：詩詞篇

在唐朝最著名的一段生死戀，應該就屬唐明皇與楊貴妃這段忘年之愛了。相傳楊貴妃不僅國色天香，而且還多才多藝，最擅長歌舞與彈琵琶。她的琵琶琴音飄飄如仙樂，舞蹈擅長有異國風情的《霓裳羽衣曲》，就是贏得唐明皇「三千寵愛在一身」的經典之舞。詩人白居易《霓裳羽衣歌》也讚美這舞蹈：「千歌百舞不可數，就中最愛霓裳舞，案前舞者顏如玉，不著人家俗衣服。」道盡了舞者曼妙的舞姿與打扮，連白居易都深深為之吸引。甚至詩仙李白在描寫楊貴妃的美貌時，也不忘記將關鍵的舞曲嵌進詩句：「雲想衣裳花想容」，可見音樂才子唐玄宗與舞林高手楊貴妃合作無間，完成了音樂舞蹈史上的一顆閃亮璀璨明珠。

1~2 遣唐使阿部仲麻侶紀念碑，他曾在唐朝任官

【興慶宮】

所謂的「東亞文化圈」指的是以唐朝為中心，日本、朝鮮半島、越南皆以中國為效仿對象的時代。他們大量遣派留學生及使節，來中國學習漢字、科技、建築、儒家思想、宗教……等，這些可以從日本的平假名、片假名、平安京（京都）等找到印證。從唐代學習知識回到本國者，都會受到當地很大的尊崇，例如：新羅國的崔致遠在唐代中舉任官十數年，回到新羅後獲得「漢詩學宗師」的地位。

而阿部仲麻呂（漢名晁衡），身為遣唐使的一員，在唐朝開元年間中進士後任官，曾一度因為思鄉在返日的過程中遇到颱風，一路波折的漂流到越南，後來奇蹟般的經歷苦難回到長安。先後在玄、肅、代三朝任官，最後卒於中國。詩仙李白還曾經在他下落不明時，詠詩〈哭晁衡卿〉呢！

1~2 興慶宮對面就是交通大學　3 興慶宮大門　4 公園內的西安日常生活，大家在練習跳新疆舞

　　如果喜歡李白的〈清平調〉三首，想感受盛唐時如綻放到極致的牡丹花風采，那麼就要走一趟興慶公園。尤其是 4 月花季時，從交大一直延伸到公園的百花齊放美景，吸引不少人潮。其實這個公園因為免費的關係，一年四季遊人如織，走進公園還未見到占地面積最大的興慶湖，已經被一旁跳著新疆舞的男女老少給吸引。感受千年前已是國際百萬人口大城市的多元文化，自然不造作地在城市的每一角上演著。

　　來到興慶公園，必看的第一景是「興慶湖」（舊名龍湖），這裡過去本是李隆基尚未登基前與兄弟同住的府邸，稱「隆慶坊」。後來聲名大噪，因為這是他與楊貴妃的住所，也是玄宗理政與接待各國使臣的地點。一路往公園內步行前進，便會看到沉香亭，據說此亭因用沉香木建造而得名，跟楊貴妃相關的電視劇都不會錯過李白吟詩〈清平調〉情節，其中玄宗命高力士喝下用靴子盛酒的橋段，彷彿活生生就在眼前上演著。

　　這座宮殿與太極宮、大明宮並稱唐三大宮，欣賞完沉香亭，可再前往「勤政務本樓」，

1~2 沉香亭，令人想到李白的〈清平調〉

感受唐朝由盛而衰的關鍵，玄宗從勤政到後期的荒怠政事；以及「花萼相輝樓」則是玄宗發動政變成功登基的地點。特別一提，參觀興慶公園時，別忘了找尋一下阿部仲麻呂的紀念碑，見證大唐東亞文化圈的輝煌時代。

興慶宮　　　　　　　　　　　　　　　　　　　　　　INFO

交通：興慶宮公園就位在西安交通大學的北邊，可搭公交 7、45、351、402、410、512、
　　　607、800、910 路至「興慶公園」站下車即達。

門票：免費

時間：全日開放至 18:30 ～ 20:30（視淡旺季而定）

西征必備書墨：詩詞篇

　「借問漢宮誰得似？可憐飛燕倚新妝。名花傾國兩相歡，長得君王帶笑看。」在李白〈清平調〉中讚美的美麗花朵，就是楊貴妃。回眸一笑百媚生的楊貴妃，讓六宮佳麗粉黛都失去了臉上的光彩，可見她的美貌出眾，連唐明皇看見她都呵呵笑個不停，心情好得不得了。這位唐代大美人柔膚玉脂，千嬌百媚，後世的人將楊貴妃捧為二月杏月的花神，帶給人無邊春思呢！杏，因為和「幸」、「信」同音，所以也常被隱喻為「幸運」和「信用」的意思喔！當時的唐朝人如果家中可以生個像楊貴妃這樣漂亮又得寵的女娃兒，相信也被認為是天大的幸運吧！

1~2 夕陽下的小雁塔，有種很婉約的古典美

【薦福寺小雁塔與西安博物院】

西征必備知識：歷史篇

薦福寺最初是唐中宗李顯即位前的舊宅，後來到唐高宗死後百日，改建成獻福寺，帶有祈福的意味。武則天時則改名為薦福寺，因為她崇佛，所以一度香火鼎盛。一直到唐武宗，規定長安除了慈恩、薦福、西明、莊嚴四寺，僅能留少數僧人維持香火，算是在一連串的毀佛之中倖免於難，這就是歷史上有名的「會昌法難」。後來到唐末黃巢之亂與藩鎮割據等大亂，薦福寺被燒毀，只剩小雁塔。因此，如今到這裡參觀，除了博物館與小雁塔，也別忘了看看薦福寺的古建築巡禮喔！

　　小雁塔與西安博物館是合在一起的景點，這裡曾是薦福寺的遺址，建於唐代，當初是高僧義淨至印度取經後，用來翻譯佛經的地點。這座小雁塔為密檐式磚塔建築，這種風格流行於東漢及魏晉南北朝時期的北方地區，與大雁塔進樓閣式的建築不太一樣。

　　小雁塔名氣雖不及大雁塔，可是就建築本身來說，還是相當有可看性，原來塔高 15 層，經明清時期多次大地震，上面兩層震毀，現在剩 13 層。而且小雁塔是綜合外部密檐式、內部樓閣式的建造法，工程複雜繁瑣，大概在十世紀後就漸漸不再有這樣的建築模式出現。因此，從唐代至明清重修保留至今的小雁塔，還可以上塔觀景，算是相當難得的古建築巡禮。

　　參觀小雁塔必須從西安博物館的大門進入，這座博物館於 2007 年對外開放，館內的展覽主題以西安十三朝古都留下的文物為主。目前館內有皮影戲表演，一場約 30 分鐘，需另外購票。另有描述小雁塔三開三合典故的電影，也需另外購票欣賞。所謂「三開三合」，是指小雁塔在一千多年的歷史中，歷經幾十次地震，最特殊的一次為明成化年間

1~2 西安博物院

曾因地震塔身出現約一尺寬的裂縫，後來明正德年間又因為一次地震，使裂縫自動合起來，這樣的情形一共發生過三回，於是如此的「神蹟」也成為小雁塔為人津津樂道的一段典故。

　　小雁塔距離南門不遠，比起參觀大雁塔要近一些，加上名氣不若大雁塔響亮，所以觀光客較少，但反而可以更感受到古建築在歷史名城的美感。著名的關中八景之一「雁塔晨鐘」，指的就是小雁塔。在夕陽時分來到這裡，看著塔身與湖面裡的倒影，自然的金色光線映照著小雁塔非常美麗，值得細看。

薦福寺小雁塔與西安博物院 INFO

交通：搭公交 1、21、402、521 路至「小雁塔」站下車即達。
門票：小雁塔免費，登小雁塔 30 人民幣。西安博物館免費，但需憑證件領取門票。
時間：09:00 ~ 17:00（週二閉館）

西征必備書墨：詩詞篇

有著「神蹟」的小雁塔，非常適合移情於《白蛇傳》的故事。在高中課文中選錄了一篇〈許士林的獨白〉，就是以第一人稱描述白素貞的兒子許士林，在十八年後考上狀元，頭簪宮花，身騎白馬，披著紅袍到鎮住白蛇的塔下，來祭拜未曾謀面的娘親。當他納頭而拜，十八年來滿腔委屈與淒涼，以額前滴血、磕頭巨響，破解法海千年毒咒：「西湖水乾，江潮不起，雷峰塔倒，白蛇出世。」法海用一隻缽，罩住白蛇頭上的蒼穹，將白蛇鎮在塔下，於惡夢中驚醒千回，永遠在窒息中徘徊掙扎。許士林用對母親的愛，解除了這種折磨，讓我們在千年萬世後，想起這個故事，都會在夕照裡，憶起一位女子的癡情。

竹芭市熱門的美食名店——春發生

竹芭市街景

【竹芭市】

西征必備知識：歷史篇

葫蘆頭這項美食的由來，與藥王孫思邈有關。據說這位唐代的名醫，有回吃到煎白腸，發現味道腥羶，覺得很可惜，因為豬腸與豬肚都是很好的食材。他對店家說：「腸屬金，金生水，故有降火、治消渴之功。肚屬土，居中，為補中益氣、養身之本。物雖好，但調製不當，也是枉然矣。」然後就從他的葫蘆藥罐拿出幾味藥材，店家將藥材與食材燉煮後，香味四溢，效果奇好，從此生意興隆，便以葫蘆頭作為這道食物的名稱，美味流傳至今。

孫思邈是一位醫生，也是崇尚道教的修煉者。他對中國醫學的最大貢獻就是將養生、醫學與衛生相結合，認為如果做好養生就可以免於疾病。他的名著是《備急千金藥方》，收錄了五千多種藥方，影響後代醫學深遠。

　　西安美食在中國很出名，除了回民街是觀光客最容易找到著名美食的集散地，竹芭市也是一絕。如果是住在南門到鐘樓一帶，可以給自己一段散步路線，從湘子廟到德福巷，再過了粉巷就是竹芭市，又或是直接從鐘樓過街到竹芭市也可以。這是一條大概用100臺幣就可以吃到二至三樣西安小吃的好地方，像是前文提過的「西安套餐」（肉夾饃、涼皮、冰峰汽水）便可以在竹芭市吃個過癮。其中最有名的要屬樊記臘汁肉夾饃，臘汁讓較柴的肉吃起來很有味道，吸引許多觀光客慕名而來。

　　另外一樣美食就是煎白腸，又名葫蘆頭，其實看起來有點像臺灣的五更腸旺這樣的賣相。這道西安著名的漢族小吃，將豬腸及豬肚的烹調加入漢方的西大香、上元桂等配方，使食材本身具有治消渴、降火氣、補中益氣等療效，以食補的方式呈現出來，是西安著名的養生補品，也是開胃的美味湯品。吃的時候可以加入掰成小碎塊的饃，就是一碗道地的春發生葫蘆頭。

竹芭市

交通：搭地鐵 2 號線至「鐘樓」或「永寧」站下車，步行約 10 ～ 15 分鐘即達。

西征必備書墨：詩詞篇

提起湯品泡饃，就不禁食指大動。在宋朝文人中，最擅長食物烹調的非蘇東坡莫屬，蘇軾有句詩：「隴饌有熊臘，秦烹唯羊羹。」這熊臘羊羹就是指陝西西安最有名的牛羊肉泡饃，肉湯泡饃的烹飪技術非常精細，煮肉的工夫也特別講究。相傳宋太祖趙匡胤落魄時，正值嚴冬時期流落長安，當時飢渴難耐，懷中有一餅，但難以下咽，街口一家賣羊肉湯的老闆，見之不忍，給了一碗熱氣騰騰的羊肉湯，趙匡胤便將餅剝碎泡入，吃完立即疲困盡失，重新振作心情。登基以後，宮中嘗遍世間美味，心中獨獨難以忘懷記憶中的羊肉湯泡餅，下令御廚重現此味，近百廚師苦思冥想才定下作法，正是現今的西安招牌菜羊肉泡饃呢！

愛情文化街區

曲江寒窯遺址公園被打造成愛情園區，到處都刻有情詩

雁塔區。

【曲江寒窯遺址公園與秦二世胡亥墓】

薛平貴是杜撰的人物，但因為與王寶釧的故事流傳千古，所以不管是臺灣歌仔戲《薛平貴》裡的「我身騎白馬走三關，改換素衣回中原」，或是京劇《武家坡》裡的「一馬離了西涼界，不由人一陣陣淚灑胸懷。青是山綠是水花花世界，薛平貴好一似孤雁歸來」，都令人琅琅上口。

這個故事的原型是唐朝大將薛仁貴，從太宗到高宗，征高麗、打突厥，都有顯赫的戰績。他與妻子柳氏非常恩愛，妻子也是支持他馳騁沙場四十年的重要力量。至於還有一齣《薛丁山與樊梨花》則是以薛仁貴之子薛訥為原型。從薛平貴到薛仁貴到薛丁山，這些似真非假的歷史人物與故事，本身極富傳奇性，因此帶給觀眾許多茶餘飯後的娛樂與消遣！

　　其實雁塔區是可以好好安排兩天一夜的遊覽行程，這裡並非那麼市中心，相對人和車都比較少，交通方面還算方便，搭地鐵 2 號線到「會展中心」站下車後，就能依需要轉搭公交到任何想去的地點。建議遊覽路線可以規劃：第一日上午參觀陝西歷史博物館，下午前往大雁塔及大唐芙蓉園，晚上欣賞完歌舞或水幕電影後就可以回附近旅館休息。第二日上午可以前往曲江寒窯遺址公園，再步行至秦二世胡亥墓及曲江遺址公園（這跟前一個曲江寒窯遺址公園是不同景點），就可以搭車返回西安市中心，沿途經過碑林區的小雁塔還可以下來參觀一番。

　　現在的曲江寒窯遺址公園，基本上就是座歌頌愛情的公園，寒窯一詞的典故來自於

王寶釧苦守寒窯十八年。公園本身需要門票 50 人民幣，裡面不太大，分為遺址區、婚慶區及商業區，1 小時內就可以逛完。打從正門進來是一座名為「思夫亭」的大門，一路會經過月老廟，現在好像到哪裡都流行愛情鎖，所以這裡還有一個超大的同心鎖可以拍照。月老廟口會有賣香的大嬸招呼著遊客進去拜月老，接著一路往後門走去可以看到寒窯遺址、妖馬洞與貞烈祠，旁邊還有王寶釧的塑像為這個象徵堅貞的愛情景點加持。一路步行別忘了欣賞石壁上刻著數首經典的愛情名句，如：「執子之手，與子偕老」；「山無稜，天地合，乃敢與君絕」。園區內也會有比武招親的表演，增加賞園的娛樂性。這座遺址公園雖然門票有點貴、設施過於人工化，但因為遊人不太多，如果打算一路逛到隔壁的曲江遺址公園，還是可以列入景點順遊一番。

離開曲江寒窯遺址公園的大門，可以選擇搭乘曲江觀光輕軌，前往曲江遺址公園及大雁塔等地，如果不想額外花錢，當作散步也可一路步行，沿著曲江池途經秦二世胡亥墓到達曲江遺址公園，全程大概需步行近 1 小時。

至於秦二世胡亥墓，門票 10 人民幣，裡面可以看到著名典故「指鹿為馬」的塑像，以及趙高、李斯、閻樂、子嬰等五人的彩色塑像。對秦朝速亡歷史特別有興趣的人，可以考慮繞進這裡參觀。開放時間為 09:00 ～ 17:00。

王寶釧像

曲江寒窯遺址公園與秦二世胡亥墓

交通：搭公交 22、715、212 路至「曲江池調度站」下車。
門票：50 人民幣
時間：09:00 ～ 17:00

1～2 月老廟　3 好大的同心鎖　4 妖馬洞　5 曲江寒窯遺址公園正門

1 觀光輕軌站　2 觀光輕軌列車　3 秦二世胡亥墓就在曲江寒窯遺址公園前往曲江遺址公園的路上
4 曲江寒窯遺址公園前往曲江遺址公園的路上景色

說起李斯，自然想起他的「同班同學」韓非了。才華洋溢卻有嚴重口吃的韓非，以及機靈聰明卻城府很深的李斯，同為儒家主要人物荀子的學生。戰國時期秦王嬴政，渴求治國之道，於是李斯推薦韓非的文章，秦王看後，大為佩服，在韓國求和時，指定要由韓非代表出使。當李斯知道韓非來秦，深恐自己相位不保，於是趁機陷害，並下毒殺死韓非。後來李斯捲入趙高與秦二世胡亥的權力鬥爭之中，勝者為王，敗者為寇，反被趙高誣以謀反罪名，臨刑腰斬咸陽時，懊悔地告訴他的兒子說：「我想與你牽著黃犬到東門外逐兔，還有可能嗎？」正應驗了曾子所說：「**出乎爾者，反乎爾者也。**」你怎樣對待別人，別人就怎樣回報你，李斯「東門黃犬」之嘆，其來有自啊！

1~2 曲江遺址公園

【曲江遺址公園】

西征必備知識：歷史篇

關於這個曲江池也有一段著名的愛情故事。相傳唐代官家公子鄭元和赴京趕考時，遇上妓女李亞仙，兩人情投意合，鄭公子因此延誤考期，外加盤纏用盡，被父親認為有辱門風，淪落成乞丐。李亞仙不離不棄，贖身離開妓院陪伴在鄭公子身旁，直到後來鄭元和考中狀元，獲得官職並與父親關係重修舊好，李亞仙也因為賢德而獲得汧國夫人的稱號。後來這個故事被唐代白行簡改為小說《李娃傳》流傳至今，在1991年臺灣曾拍攝電視劇《李娃傳》，可惜近年來似乎很少見到以此故事作為題材的電視或電影。

　　曲江遺址公園與曲江寒窯遺址公園不一樣，這座曲江遺址公園的北門與大唐芙蓉園的南門相望，占地非常大，而且免費。由於湖景優美，加上旁邊的樹木扶疏，綠蔭成片，是非常好的散步地點。這裡從漢代開始便是皇家御院，隋代有科舉制度後，每當進士新科及第，就會來此慶祝。將酒杯放進池中隨波逐流，流到誰的跟前誰就舉杯暢飲，這是最有名的「曲江流飲」。目前這座遺址公園共有曲江八景：夾城雲暖、漢武泉鳴、烟柳徑裡、水滿千樹、江樓淺酌、蒹葭沉波、烟波晚望、寒窯相會。

　　在唐代春季花會時，仕女們會爭相鬥花，競相將花插在頭上，引得遊園的人駐足欣賞，整座園林美不勝收。現在這裡也許沒有唐代春會時那樣熱鬧，卻有另一種屬於西安平民日常的樂活步調。曲江一帶的房價算是西安市的高檔地段，能夠住在這附近，把曲江遺址公園當作自家後花園閒逛，也算是現代的富貴人家了！

1～2 曲江遺址公園　3 漢武泉鳴

曲江遺址公園

交通：搭地鐵 2 號線至「會展中心」站下車，再轉搭公交 161 路至「曲江遺址公園」站下車即達。
門票：免費
時間：冬季（9 月至隔年 3 月）09:30 ～ 17:30，夏季（4 月至 8 月）09:00 ～ 18:00。

INFO

西征必備書墨：詩詞篇

唐代白行簡《李娃傳》與蔣防《霍小玉傳》，是唐傳奇中非常有名的愛情類故事。在《李娃傳》中滎陽公子鄭元和與李亞仙最後以喜劇收場；但《霍小玉傳》中的女主角就沒有這麼幸運了。霍小玉雖是王族之後，卻是婢女所生，淪落青樓仍寄望著幸福愛情。擁有唐朝女子敢愛敢恨的天性，霍小玉傾心於書生李益，一心以為得到對方的信誓旦旦，最後輸在唐朝社會依然門閥森嚴，娼女不可能成為正室。面對李益考取功名另娶他人，霍小玉在病危奄奄一息之時，仍冀望他回頭，最終遺恨李益薄倖一走了之，正可謂：「我本將心托明月，奈何明月照溝渠。」滿腔熱情空付一江春水，這樣的愛情不禁讓人悲嘆：「問世間情為何物，直教人生死相許？」

大唐芙蓉園一景

「夢回大唐」的廣告看板

【大唐芙蓉園】

楊貴妃大概是唐朝跟武媚娘一樣出名的女子了！眾所周知楊貴妃名玉環，字太真。但比較少人知道她的原名是芙蓉，因此以芙蓉出水來形容她的美貌是相當貼切。大家都知道她獲得唐玄宗專寵二十多年，光是貴妃的身分也有十五年。可是為什麼她一直沒有被封為皇后？也沒有為玄宗生下一男半女？

最大的原因應該還是在於楊玉環原來是壽王李瑁的王妃，先當王妃又當貴妃，如果再當皇后的話，即使是唐朝這麼開放的朝代，這種跟宗室有關的大事還是要審慎考量，畢竟唐玄宗並不是昏君，很多事情他還是要保持腦袋清楚。再來唐玄宗與楊貴妃是琴瑟和鳴，興趣相投，加上專寵貴妃，楊玉環本人沒有太多的權利慾望，而且她享有的比一位皇后還要多，有沒有封后似乎也不是那麼重要！這段描述可以看幾年前由黃秋生飾演唐玄宗的電視劇《楊貴妃祕史》，戲裡有很精彩的演出。

至於子嗣的部分，我不禁想起了在《後宮甄嬛傳》裡曾經專寵的華妃娘娘，因為家有掌軍事大權的哥哥年羹堯，所以為免年家子嗣影響朝政安排運作，雍正刻意不讓華妃懷孕。不知這樣的理論是否可以套用在楊貴妃身上呢？

　　在唐代這裡就是皇家御花園所在地，大唐芙蓉園是在舊址建起的大型皇家園林主題式公園，用中國流行用語「高、大、上」來形容這座園林，相當適合。不僅門票不便宜，且園中雖然展現大唐盛世的氣派，但建築物過於新穎及人工化。如果抱持著像到北京看頤和園那樣的心情會大失所望，畢竟就像是來到現代的仿唐公園散步一樣而已。

　　建議如果到這裡參觀，可以下午入園，從西門進入，在公園中大概散步拍照 1 小時多後，來到南門，到鳳鳴九天劇院欣賞「夢回大唐」歌舞劇的表演。這齣歌舞劇透過「夢幻霓裳」、「夢邀秦王」、「夢浴華清」、「夢縈西域」、「夢遊曲江」、「夢回大唐」六幕，共 70 分鐘的時間，展現了大唐風華。晚上再欣賞水幕電影，有燈光布景之下的大

唐芙蓉園夜景較有看頭。然而，因為「夢回大唐」的票價不便宜，所以建議想到這裡來觀光的遊客，上攜程或同程等內地旅遊網站購買一日遊或半日遊的行程，除了有交通接送，而且門票也可享團體票價格一起包套在行程裡，絕對比自己一張一張票這樣去買要便宜得多。

　　此外，在旺季園區內一整天不同時段會有不同的仿古表演（如 P92 附表），建議如果要買門票進去參觀，事先規劃好動線，畢竟這是一個靠看表演來豐富行程的地方。

大唐芙蓉園
交通：西門（御苑門）入口，搭公交 21、22、23、24、44、212、224、237、526、609、
　　　715、720、通宵 4 號綫、游 4、游 9 路。南門入口，搭公交 21、22、23、24、212、
　　　237、307、601、609、715、720、通宵 4 號綫、游 4、游 8 路。
門票：景區門票 90 ～ 120 人民幣（淡旺季不同）
時間：09:00 ～ 21:00

92

★為推薦欣賞

★《西門迎賓》
御院門外 10 分鐘
（週六、週日） 11:00 ▶

◀ 10:30 《大唐鼓宴》
御院門內 15 分鐘

《皇家馬隊巡遊》
全園 20 分鐘 11:30 ▶

◀ 12:00 ★《舞獅表演》
胡店 15 分鐘

《大唐鼓宴》
御院門內 15 分鐘 13:00 ▶

◀ 13:30 ★《舞獅表演》
胡店 15 分鐘

★《百藝薈萃》
胡店 30 分鐘

★《賜妃大典》
仕女館 25 分鐘 14:00 ▶

★《東倉鼓樂》
紫雲樓三樓 15 分鐘

◀ 14:30 《皇家馬隊巡遊》
全園 15 分鐘

◀ 15:00 ★《百藝薈萃》
胡店 30 分鐘

★《賜妃大典》
仕女館 25 分鐘

★《東倉鼓樂》
紫雲樓三樓 15 分鐘

《大唐鼓宴》
御院門內 15 分鐘 15:30 ▶

◀ 16:00 ★《百藝薈萃》
胡店 30 分鐘

★《賜妃大典》
仕女館 25 分鐘

★《舞獅表演》
胡店 15 分鐘 16:30 ▶

◀ 17:00 ★《夢回大唐》
鳳鳴九天劇院

《音樂噴泉》
紫雲樓北廣場 15 分鐘
每週五、週六、週日 18:00 ▶

◀ 19:50 ★《大唐夜宴》
紫雲樓北廣場 30 分鐘

★《齊天大聖》水幕電影
紫雲樓北廣場 23 分鐘 20:30 ▶

◀ 20:55 ★《激光表演》
紫雲樓北廣場 7 分鐘

內容來源 ：大唐芙蓉園官網

圓區內的星巴克也很吸引人進去

西征必備書墨：詩詞篇

在漢族的傳說中，農曆2月12日是花神的誕辰，百花要萬紫千紅齊披錦繡，向花神祝賀誌慶。因此，十二個月份分別有十二位花神就此產生，其中掌管芙蓉的花神是貂蟬。貂蟬，東漢末年被擔任司徒的王允收為義女。當時董卓禍亂京城，王允於是設下連環計，先讓貂蟬吸引呂布，再讓董卓收貂蟬入府，使呂布心生不滿。一日，呂布趁董卓上朝時，入董卓府會見貂蟬，貂蟬見呂布，假意哭訴被董卓霸占之苦，這時董卓回府撞見，起醋意殺機直刺呂布，呂布閃身逃走，從此兩人互相猜忌，王允趁機說服呂布，以借刀殺人之計滅了董卓。從此後人稱說：「司徒妙算托紅裙，不用干戈不用兵。」原來最早的女間諜便是貂蟬。這位國色天香、有「閉月」之稱的絕世美女也是紅顏多薄命，在呂布被曹操所滅後，亦從《三國演義》中銷聲匿跡。

大慈恩寺入口

大雁塔地下宮入口

【大雁塔景區與大慈恩寺】

西征必備知識：歷史篇

也許玄奘的名聲太響亮，所以大雁塔的遊客遠比起小雁塔多得多。但提到玄奘就不免令人想起他的門徒辯機。在歷史上他也是赫赫有名的高僧，曾與玄奘合編《大唐西域記》一書。全書共 12 卷，為玄奘至印度取經，將沿途西域風光及印度遊學的珍貴見聞記錄下來，是重要的佛教史文獻。

不過正如電視劇《武媚娘傳奇》裡所演的，辯機因為與高陽公主不尋常的關係，最後被處以腰斬之刑，令人遺憾與唏噓。

大雁塔又名大慈恩寺塔，是現存最早的唐代四方樓閣式磚塔，特色為印度佛寺與漢建築融合的代表建築。唐朝玄奘大師至印度那難陀寺取經後，於唐高宗永徽年間在大慈恩寺內仿印度佛塔建造大雁塔，專門擺放帶回來的經典。

大慈恩寺至今已有 1,300 多年的歷史，這座寺廟原來是高宗李治為了紀念他的生母文德皇后，於貞觀年間所建，後來奏請太宗賜名「慈恩寺」。寺廟建成後便迎請玄奘擔任上座法師，而玄奘也在此創立大乘佛教慈恩宗。慈恩寺內可以買票進去參觀，不管是慈恩寺或大雁塔，都彰顯了初唐到盛唐時期的那段風華年代。

參觀大雁塔景區的觀光客通常不會錯過北廣場，大雁塔就是整個景區南北的中心軸。從北廣場的入口處可以看到盛唐書卷銅雕，還有 40 塊地面浮雕展現大唐時代的書法及紋飾藝術。此外，在景區中也選定了八位代表唐代各種領域的重要人物：詩仙李白、詩聖杜甫、茶聖陸羽、詩佛王維、唐宋八大家之首韓愈、書法家懷素、藥王孫思邈、天文學家僧一行，製成寫實雕塑供人欣賞。

1~2 大雁塔廣場　　3「大唐不夜城」是這裡晚上有名的表演

　　而在北廣場中軸線的音樂噴泉，是夏季到此參觀不容錯過的活動。週一至週五每天12:00、20:30 兩場表演，週末及假日則會增加為三場表演。也因為免費欣賞，所以最好事先打聽好演出時間，提前 20 ～ 30 分鐘去現場找視線較佳的位置準備欣賞。北廣場是規劃完善的景區休閒場所，再加上有許多古裝租借攤位，一次 10 ～ 20 人民幣，可以穿著在附近拍照，因此觀光客來這裡就算不另外花錢進大雁塔或慈恩寺參觀，也能夠玩得非常盡興。

大雁塔景區與大慈恩寺

交通：搭公交 5、19、21、22、27、41 路至「大雁塔」站下車即達。
門票：景區門票 20 ～ 25 人民幣（淡旺季不同），大雁塔登塔 20 人民幣。
時間：08:00 ～ 17:00

INFO

1~2 北廣場音樂噴泉　　3 可以在這裡租古裝拍照

西征必備書墨：詩詞篇

在《西遊記》的故事中，唐三藏被塑造成一個遇事往往不知所措、猶豫不決的弱者，常常需要依賴徒弟解決困難的人物。在第七十四回中，因前方有一座高山在眼前阻礙，唐三藏心生畏懼，孫悟空便安慰師父說：「山高自有客行路，水深自有渡船人。」孫悟空在談笑話語中勸說唐三藏，人定勝天，雖逢困難但必能絕處逢生，出現轉機。不禁讓人聯想起陸游〈遊山西村〉：「山重水複疑無路，柳暗花明又一村。」表面是寫景，其實隱含人生哲理。人生的過程中，豈能處處順心？生命轉折處的契機，往往就在平凡顯眼的關鍵中警示著自己，何必像杞人憂天的唐三藏呢？不如學習樂觀勇敢的孫悟空，向著陽光走，陰影自然就在身後。

旺季的陝西歷史博物館人潮洶湧

【陝西歷史博物館】

西征必備知識：歷史篇

何家村是位在陝西南郊的地名，1970 年代先後挖出大型陶寶，裡面裝有大量唐代的金銀器，出土文件 1,000 多件。其中還發現唐代流通的各種錢幣，例如：唐代流行的開元通寶、西域高昌利錢、波斯的薩珊王朝錢幣與東羅馬帝國的金幣等。充分應證唐代絲路的繁榮與天可汗宗主國的地位。

看到開元通寶令人不禁想起電視劇《武媚娘傳奇》裡，因為受到「女主武氏」謠言所陷害的媚娘，不得已離開宮中陪嫁高陽公主至宰相房玄齡的府中。在宮外每每思念皇上時，總要倚窗聽著清晨經過的汲水馬車發出的響鈴聲，代表皇上與她之間的思念。直到一日當她在外面看到有著她指甲印的銅幣，才想起唐太宗保留了有著媚娘指甲印的鑄幣模，命人鑄造錢幣。這段是我覺得戲裡描述太宗與媚娘感情最細膩的部分，雖然全部都沒有歷史考究與任何真實性可言，但無論如何，真情還是最能打動人心。

　　陝西歷史博物館是到西安不可錯過的參觀地點。旺季時參觀人潮眾多，不太容易靠近展覽品細看，建議如果可以淡季前來人比較少，跟著導遊聽講解，才能夠將中國文物的精髓看個仔細而不虛此行。這裡的館藏大約 37 萬件，分成三大展廳。上至商周時期的青銅器、歷代陶俑及漢唐壁畫、金銀玉等器具，應有盡有。鎮館之寶為：獸首瑪瑙杯、皇后玉璽與舞馬銜杯紋銀壺，因為這三樣古董是不會外借到其他地方展覽，要看這些漢唐盛世的寶物，就只能來陝西歷史博物館。

　　根據考證，皇后玉璽應該是漢高祖的皇后呂稚所持有，為目前唯一可見到的皇后玉璽。而瑪瑙杯則是用罕見的五彩纏絲瑪瑙石所雕成，至於銀壺上的舞馬紋飾象徵盛唐時期的宮廷榮景，這些工藝在安史之亂後漸漸沉寂。在館內參觀允許拍照，但不能使用閃

人面魚紋盆出土於史前彩陶文化

博物館內的展廳

唐三彩三彩載樂駱駝俑

陝西歷史博物館內的展品──牛尊

它盤，本為盛水器，商周時期貴族吃飯前洗手用的

光燈，雖說有多項展品是複製品，不過博物館裡人潮很多，其實也無法盡興拍照，建議可以出來之後，挑個自己印象深刻的仿製品買回去作紀念。

　　參觀博物館通常是由中央大廳開始前進，可以看到史前時代至清末由陝西出土的文物，觀光客一般都集中在 1 ～ 3 號展廳。其他位在東西兩側的大唐遺寶（何家村）展廳及唐代壁畫珍品展，因為要另外付門票（大唐遺寶區是 20 人民幣，壁畫區則是 300 人民幣），所以人會比較少，對漢唐文物有興趣的人可付費進來看得更仔細一些。結束參觀後，從博物館大門再向東走約 10 分鐘，就可以到達大雁塔景區了。

陝西歷史博物館

交通：搭公交 5、24、27、游 8 路至「翠華路」（陝西歷史博物館）站下車即達。
門票：免費，但需用證件換票（每日 14:00 前限 2,500 張，下午限 1,500 張），發完為止。
時間：09:00 ～ 17:30，淡季 16:00 停止換票，週一休館。

西征必備書墨：詩詞篇

當我們心動於唐太宗與武媚娘之間的情愫時，其實，唐太宗有位賢德的長孫皇后，在歷史上非常有名。長孫皇后的哥哥就是長孫無忌，在朝為官是功勞第一的重臣，為此長孫皇后曾多次勸唐太宗不要重用她的哥哥，而且語重心長告誡長孫無忌，前朝外戚掌權多危害社稷，請哥哥體諒生民百姓，切不可因其為皇親國戚，重蹈覆轍，兄妹倆守護著唐朝天下，始終沒有因掌權而動搖國本。在《全唐詩》中有收錄長孫皇后的〈春遊曲〉：「**花中來去看舞蝶，樹上長短聽啼鶯。林下何須遠借問，出眾風流舊有名。**」以寫景比喻大唐貞觀盛世欣欣向榮的清平之治，民風淳樸，人民生活富足，路不拾遺，夜不閉戶，又何須尋求桃花源呢？讚美唐太宗及大臣們的美名千載傳揚，可見長孫皇后心繫天下，母儀四方啊！

半坡遺址博物館大門

半坡遺址出土文物館

秦時明月漢時關： 東線臨潼一日遊。

【半坡遺址博物館】

西征必備知識：歷史篇

在中國的文字起源裡，大家都知道的是倉頡造字。但是後來經過多方考古及挖掘，發現在各地都有許多異體字。像是西安半坡遺址曾挖出陶文，即是在陶器上刻有二、三十種文字符號，彩陶上發現有魚鳥蟲獸等圖案。此外，在河南安陽小屯村挖掘出的商代甲骨文，還有周代的金文，這些都與漢字有密切的關係。因此，文字的起源應該是多方發展，而不是一人創造。推斷倉頡應該只是接觸到這些初期文字、加以整理的人物，而非創造者。

　　半坡遺址博物館是中國第一座史前遺址類博物館，也是一級博物館，主要展示新石器時代的仰韶文化。在史前時代中，中國最有名的仰韶文化（又稱彩陶文化）出現在陝西省半坡村。根據考察當時的飲食以粟、黍為主，居住特色為半穴居。至於另一個著名的新石器文化代表，則是在山東龍山鎮的龍山文化（又稱黑陶文化）。

　　也許新石器時代距離現在太過遙遠，所以來這裡參觀的遊客比別的地方少了一些。博物館的遺址大廳造型還頗有特色，進去裡面後是各種半穴居及墓葬形式的介紹，當然

1 人面魚紋是彩陶文化中最有名的圖案　2~3 半坡遺址出土文化及墓葬

也展示出土文物。仰韶文化是母系社會，現代人對當時的社會風俗及墓葬禮儀了解很少，還是需要有導覽人員介紹，否則會有如入寶山卻空手而回的感覺。館外有姓氏祖先的淵源考究，但建議在外面看看就好，如果進去想對祖先上個香，可能就會被收取 20 人民幣左右的費用。

　　在館內別忘了參觀人面魚紋的陶器，這是此時期的代表藝術。另外，骨針等象徵新石器時代人類審美觀已出現的日用品，也可以幫助更了解距今約 5,000 ~ 7,000 年前的人類社會。半坡遺址博物館可以與東線臨潼的景點一起規劃，這裡參觀完後，接著前往驪山與華清池、兵馬俑等西安經典必到地點。

半坡遺址出土文化及墓葬

1~3 半坡遺址

半坡遺址博物館

交通：搭地鐵 1 號線至「半坡」站下車即達；或是在鐘樓前搭公交 15 路至「半坡博物館」站下車。

門票：成人票 65 人民幣

時間：08:00 ~ 18:00（旺季），淡季會提早半小時關門。

INFO

西征必備書墨：詩詞篇

遠古時期論及神話，人們立刻會想到古希臘、古羅馬，想起雅典娜、阿波羅，想起維納斯、丘比特。其實，中國也有毫不遜色於世界任何地方的奇詭纏綿神話傳說，這些神話故事，大多集中在《山海經》一書。例如：女媧煉石補天、夸父追日、后羿射日、嫦娥奔月……等，而看見「人面魚紋」陶器，就會聯想到李商隱最有名的一首詩〈錦瑟〉喔！其中「滄海月明珠有淚，藍田日暖玉生煙。此情可待成追憶，只是當時已惘然。」詩句的典故，就是提到：南海有鮫人，在水底居住如魚一般生活著，但他們流下來的眼淚會立即變成晶瑩剔透的明珠。多麼神奇的傳說，彷彿《山海經》中所提到的種種神話故事呢！

1 烽火戲諸侯的峰火臺　　2 烽火臺上登高望遠　　3 長生殿遺址

【驪山國家森林公園】

西征必備知識：歷史篇

中國的觀光客到臺灣玩，對中正紀念堂、慈湖這些景點，都會特別認真參觀，尤其是在有衛兵交接儀式的時候，每每都是萬頭攢動，手機、相機可以舉多高就舉多高的錄影拍照。國共兩黨之間的歷史，幾十年來兩邊各自表述，加上政治環境氛圍的不同，也造成了兩邊的人民看待相同的景點有不一樣的心情。也許臺灣人現在看到「兵諫亭」，反而會對過去「捉蔣亭」的名稱更感興趣。但對當地人來說，卻不想再多解釋「捉蔣亭」的由來，以免造成誤會。關於西安事變，不管歷史評價如何，但它的確是影響中國現代史的重大事件之一，無怪乎張學良來到臺灣後被軟禁了將近一輩子，也可想見中國方面對這個人的評價極高。1990年代的電影《宋家王朝》就對這段歷史有著深刻的描述。

驪山國家森林公園算是一個大型景區，雖然不像爬華山那麼驚險又費力，可是如果沒有做好爬山準備就進去，還是會走得挺累人的。因此，建議比較節省時間又保留體力的玩法就是從驪山索道（纜車）入口進入，搭索道上山後，下站的地方就是兩大精華景點：老母殿與烽火臺觀景處。之後再一路往西門方向下山，沿途可以看見長生殿遺址與連理枝。最後可以看到另一個亮點就是「兵諫亭」。接著往昭陽門的方向前進，一般等待旅客的遊覽車會停在那邊，再搭車順道往下一個景點華清池前進。前後大概 2 小時左右的時間，就可以把景區重要景點大致走過一遍。

驪山在上古時期據說是女媧娘娘補天的地方，所以驪山上有座老母殿，祭祀著女媧娘娘。從西周起此處便是帝王遊幸的地方，下至兩漢、隋唐，乃至民國時期，都有許多故事在這裡發生。最引人津津樂道的幾項不外乎就是：周幽王與褒姒的烽火戲諸侯、唐明皇與楊貴妃的長恨歌，以及西安事變的兵諫亭（原名捉蔣亭）。

搭索道上山後，就可以依指示前往西繡嶺第二峰參拜老母殿，站在這裡只能遙望烽火臺的身影，如果想親近烽火臺則需要再爬約 20 ～ 30 分鐘的階梯才能到達。一路下山，

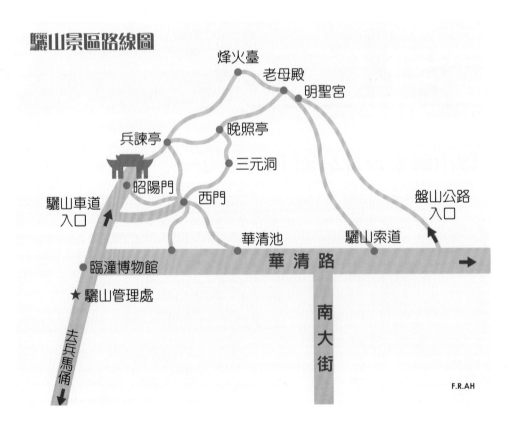

驪山景區路線圖

烽火臺
老母殿
明聖宮
晚照亭
兵諫亭
三元洞
昭陽門
西門
驪山車道入口
盤山公路入口
華清池
驪山索道
臨潼博物館
華清路
★ 驪山管理處
南大街
去兵馬俑

F.R.AH

會看見長生殿的遺址，這裡也稱集靈臺，曾是唐代華清宮的主要建築之一，本來是王公大臣朝拜前更衣沐浴的地方，後來成為唐玄宗與楊貴妃的避暑勝地。這裡目前看起來頗為荒涼，似乎只能不斷想像白居易的〈長恨歌〉，透過文字將眼前的殘景具體化。長生殿前方不遠處就可以看見綁著滿滿紅布條的連理枝，一句「在天願作比翼鳥，在地願為連理枝」，讓所有經過此處的男男女女，不論已婚、未婚，都會按照男女該站的位置，祈求感情順利。

一路繼續步行下山，經過晚照亭後會看見日月亭，這日月亭與接下來將看到的兵諫亭因為跟國共歷史有關，所以也是許多人來到驪山必看的景點。日月是取國共合作「日月同輝」之意，民國十二年的「聯俄容共」與民國二十五年西安事變後的「停止剿共，一致抗日」，是兩次國共合作的時機。最後來到兵諫亭，大家對亭後方的藏身處特別有興趣，石壁上大大寫著「蔣介石藏身處」外加旁邊兩串大鐵鏈，許多人躍躍欲試當年蔣介石從五間廳一路跑到這裡，再躲入這石縫中的那段過程。驪山景區參觀到這裡也算是精華點都遊遍，步行到昭陽門就可以再往華清池的入口前進，繼續感受盛唐時期的「春寒賜浴華清池」！

在天願作比翼鳥

在地願為連理枝

驪山國家森林公園

交通：從西安火車站東廣場搭游5專線（306路，火車站—兵馬俑，途經華清池、秦始皇陵），直接到景區大門，運營時間為07:00～18:00。全程票價7人民幣，至驪山國家森林公園是6人民幣。約每10分鐘一班車。或是參加攜程、途牛等大型當地旅遊網的東線一日遊行程，價格透明化，品質也較有保障。西安大部分的旅館都提供這一條線的行程，可供訂購與諮詢，是西安最熱門的旅遊路線。

門票：旺季70人民幣，淡季45人民幣。進入景區後如果不是單純想爬山，建議還是購買索道（纜車）票，來回票60人民幣，或是搭單程上山35人民幣，再一路步行下山。

時間：08:00～17:00

INFO

1~2 搭纜車看驪山景致　3 西安事變發生處石刻　4 兵諫亭（原名捉蔣亭）

1~2 民國 25 年的西安事變，蔣介石在這個石縫中藏身，現在還有許多遊客會抓著鐵鍊體驗當時的感受
3 象徵國共合作的日月亭

西征必備書墨：詩詞篇

〈長恨歌〉是白居易詩作中膾炙人口的名篇，作於元和元年（西元 806 年）時，詩人正在今陝西任職。這首詩是他和友人同遊仙遊寺，有感於唐玄宗、楊貴妃的故事而創作。在這首長篇敘事詩裡，作者以精煉的語言，優美的形象，敘事和抒情結合的手法，敘述了唐玄宗、楊貴妃在安史之亂中的愛情悲劇：他們的愛情被自己釀成的叛亂斷送了，正在悲慘承受著這傷神的苦果。唐玄宗、楊貴妃都是歷史上的人物，詩人並不拘泥於歷史，而是借著歷史的一點影子，根據當時人們的傳說，街坊的歌唱，從中蛻變出一個曲折宛轉的動人故事。以「天長地久有時盡，此恨綿綿無絕期」結筆，點出此恨的無窮無盡，讓讀者留下無限的聯想與回味。

1～2 溫泉古源。可以在這裡免費洗手試試華清池的溫泉　3 楊貴妃像，幾乎所有遊客都要跟她合照

【華清池】

西征必備知識：歷史篇

唐代有幾次的盛世，一路從太宗的「貞觀之治」，到高宗的「永徽之治」，然後是玄宗的「開元之治」，但唐代由盛轉衰的關鍵是從玄宗的安史之亂開始。玄宗晚年以李林甫及楊國忠為相後，朝政日壞，加上邊境重兵都掌握在節度使的手中，外重內輕的情況使得問題浮上檯面。曾身為楊貴妃乾兒子的胡人節度使安祿山及史思明，於天寶十四年開始造反，持續八年才平定。唐代也因為這場亂事，導致大量漢人南遷，促成了南方重要性日漸超越北方的局勢。加上平定安史之亂時，受到回紇的協助平亂，也造成唐中期以後回紇與唐朝邊防及貿易問題不斷的後患。

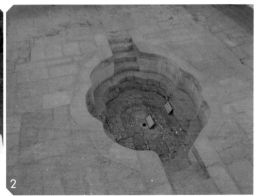

1 2

3 4

1~3 貴妃池
4 貴妃洗完澡後會在這裡將頭髮垂下曬乾，好像長髮公主的故事

　　「春寒賜浴華清池，溫泉水滑洗凝脂」，這座大名鼎鼎的華清池位在西安臨潼區驪山北側，東距西安 30 公里，所以是東線臨潼一日遊必不可錯過的地點。遊覽這裡的季節最好是 3 月底之後，可以搭配戶外歌舞「長恨歌」欣賞，增添遊華清池的豐富性。

　　具體來說這裡的景區範圍不是很大，也許因為知名度過高，所以實際上到這裡會有點小失望，再加上如果沒有導遊講解，或是對歷史不清楚的情況下，真的只是在戶外免費體驗溫泉的水龍頭洗洗手，再與楊貴妃的雕像拍張合照就差不多了。華清池又稱華清宮，自古以來因為溫泉水溫保持攝氏 43 度，不盈不虛，溫泉水沉澱後會形成藍田玉，所以是歷代帝王喜愛的行宮。但目前到這裡還

1~2 西安事變彈孔

看得到的宮殿都是後來整修新建，雖然外觀是傳統殿閣，骨子卻非常新，失去了原來從唐詩想像而來的古韻味。

在過去，階級制度也保存於洗溫泉的規定中。華清池的溫泉水一直流動，設計路線先引進天子妃嬪的專用浴池，然後流入大臣的溫泉池，最後再流入廚師與宮人的池中。現在走進室內看這些浴池並不豪華或特別，但在過去能夠有機會泡溫泉是莫大的享受與恩賜！

來到這裡，除了要對唐玄宗盛世到安史之亂的歷史有一點概念，另外「西安事變」也是從這裡的五間廳開始。蔣介石曾經兩次下榻五間廳，作為布署圍勦紅軍的地點。張學良曾多次勸他先抗日後勦共未果，因此1936年12月12日發動兵諫，蔣介石從這裡一路跑到驪山上的「兵諫亭」。現在此處還保留當年的彈孔，以及內部的裝潢。

華清池

交通：1. 從西安火車站東廣場搭游5專綫(306路，火車站—兵馬俑，途經華清池、秦始皇陵)，運營時間爲07:00～18:00。全程票價7人民幣。約每10分鐘一班車。
　　　2. 參加攜程或途牛等大型當地旅遊網的東綫一日遊行程，價格透明化，品質也較有保障。西安大部分的旅館都提供這一條綫的行程，可供訂購與諮詢，是西安最熱門的旅遊路綫。
門票：淡季12月1日至隔年3月31日80人民幣，旺季4月1日至11月30日110人民幣。
時間：08:00～18:00

1~2 五間廳中侍衛的房間　　3~5 五間廳中蔣介石的房間與會議廳

西征必備書墨：詩詞篇▼

在華清池，最著名的就是有關楊玉環的故事。在中國四大美女中，西施、王昭君、貂蟬、楊玉環合稱「沉魚落雁，閉月羞花」。詩人白居易把唐明皇與楊貴妃的愛情故事寫成了千古流傳的〈長恨歌〉，這段哀婉動人、纏綿悱惻的愛情神話，就發生在盛唐時期驪山山腳下的華清宮。「天生麗質難自棄，一朝選在君王側。回眸一笑百媚生，六宮粉黛無顏色。」雖然當時唐明皇李隆基與楊貴妃的年齡相差懸殊，但彼此對於音樂的愛好，也算是惺惺相惜的知己了。但隨著安史之亂起，這段令人稱羨的愛情跟著時代環境的巨變，也漸漸走調，究竟楊貴妃的下場是賜死在馬嵬坡？或是流落到民間藏匿？或是遠走他方，飄洋過海到日本？都為這場忘年之愛，留下令人唏噓的休止符。

當初因為楊老先生不識字，在美國前總統柯林頓來訪索取簽名時，只畫了圈圈，後來學會簽自己的名字，現已成為專業簽書者囉！

從大門口走進展廳還要好一段路

【兵馬俑博物館與驪山始皇陵】

關於驪山始皇陵的不解之謎非常多，最津津樂道的應該見於《史記‧秦始皇本紀》中：「始皇初即位，穿治驪山，及并天下，天下徒送詣七十餘萬人，穿三泉，下銅而致椁，宮觀百官奇器珍怪徒藏滿之。……以水銀為百川江河大海，機相灌輸，上具天文，下具地理……」也因為這些歷史之謎太迷人，所以有關始皇陵及他長生不老的丹藥，都成為許多電視、電影的題材。像是成龍的電影《神話》把驪山始皇陵想像打造得非常逼真；還有好萊塢拍攝的電影《神鬼傳奇3》、王菲早期曾演過的港劇《千歲情人》中對不死之謎也有特殊的見解；以及比較偏向以正史改編成的《大秦帝國》也是許多觀眾喜歡的歷史劇題材。只能說秦朝歷史雖短，留給世界的寶藏卻是生生世世。

　　感覺世界上有好幾個景點被列為「世界第八大奇景」，不過提到秦始皇兵馬俑，在東西方都非常出名。不論春夏秋冬，一團一團的遊覽車與觀光客都是為了兵馬俑而來，目前花一百多人民幣門票可一併參觀驪山始皇陵與兵馬俑。這兩項兩千多年前留下的秦代古蹟，算是千年歷史難解之謎，至今都無法完全了解當時的工藝與建築技術已經到達什麼樣的一種層次。以驪山始皇陵來說，其實地點也只是個大概，因為沒有人能確切說出秦始皇藏在哪裡，而中國方面也沒有開挖的打算，在西安旅遊很常聽到的一句話就是：「五十年內不開挖，一百年後再說！」

　　而戍衛皇陵的兵馬俑，透過這些跪射俑、立射俑、武士、軍吏、軍士、騎兵、馬俑，可以了解西北漢子的身形及兩千多年前的兵器史，對於歷史的研究有很大的啟發。參觀兵馬俑博物館最有趣的是，可以看到 1974 年挖到兵馬俑的楊老先生所出版的回憶錄，以

1 未開挖的驪山始皇陵　　2 被列為世界遺產的始皇陵　　3 秦始皇文物陳列廳　　4 二號坑展示

及本人在現場為大家簽書。楊老先生因為發現了兵馬俑，都成了另類的公務人員，晉升名譽館長，月薪 8,000 人民幣，還可以獲得津貼。古代有楊貴妃，一人得道雞犬升天；現代則因為這座兵馬俑，讓臨潼縣的村子都發達了起來。

　　而來這裡的觀光客，如果是跟團最好隨著館內的導覽人員聽講解，在中國許多景點旅遊，常常都是要靠「三分看，七分聽」才能看出箇中滋味。如果是自行前往的，就直接進博物館大門購票進入，免得被許多不正規的導覽人員給團團圍住。至於進到裡面是否要花錢請館內的導覽人員介紹，就看自己的需要了。不過旺季到這裡參觀，有時即使想找個好點的導覽員也未必能得，萬頭攢動的兵馬俑，想好好拍個照可能也得憑運氣。

　　目前參觀動線就是進到景區大門後，可自行選擇是否要另外花 5 人民幣搭電瓶車直接到坑口，如果想省錢，大概要再走個 15 ～ 20 分鐘才會到主坑口。目前最壯觀的是一號坑，出土數量最多。據說人太多時，在上面擠不到最前面去好好欣賞兵馬俑，可以另花 200 人民幣下坑去近距離拍照。二號坑及三號坑基本上算是沒有真正開挖，大部分展

1~4 一號坑展示　5~6 紀念品販售部內賣的兵馬俑

示一些秦磚及木頭；三號坑則是有比較多的軍吏俑、戰馬俑、具有納米鍍膜技術的寶劍等可供參觀。除了參觀這三座坑，導覽員也會介紹一些玉及帶大家到紀念品販售部參觀，這個不強迫，有興趣就買點小兵馬俑回家作紀念，不過記得還是可以稍微殺個價再買。

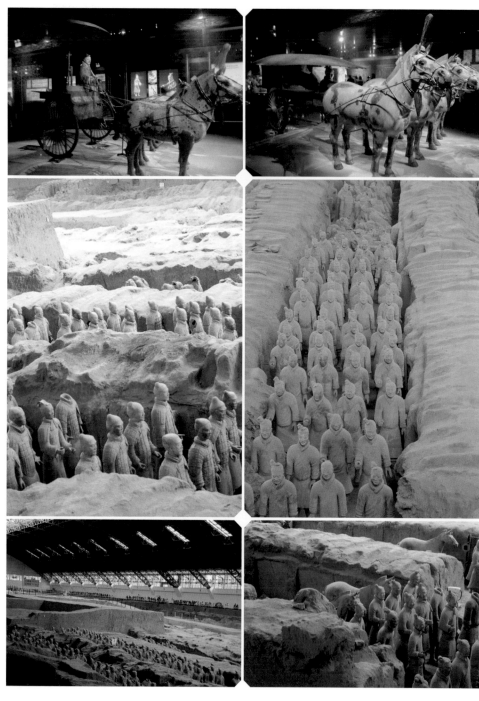

兵馬俑博物館與驪山始皇陵

交通：從西安火車站東廣場搭游 5 專綫（306 路，火車站—兵馬俑，途經華清池、秦始皇陵），
　　　直接到景區大門，運營時間爲 07:00 ～ 18:00。全程票價 7 人民幣。約每 10 分鐘一班車。
　　　或是參加攜程、途牛等大型當地旅遊網的東線一日遊行程，價格透明化，品質也較有保
　　　障。西安大部分的旅館都提供這一條線的行程，可供訂購與諮詢，是西安最熱門的旅遊
　　　路線。

門票：旺季 150 元，淡季 120 元。門票包含往返秦始皇兵馬俑博物館和秦始皇帝陵兩景區參觀，
　　　可免費搭乘景區內的專車，車程約 5 分鐘。

時間：3 月 16 日至 11 月 15 日 08:30 ～ 18:00（17:00 停止售票），11 月 16 日至隔年 3 月 15 日
　　　08:30 ～ 16:30。

INFO

西征必備書墨：詩詞篇

《秦俑》為 1989 年上映的中國電影，是中國和香港電影人一次史無前例的合作，
該片根據香港作家李碧華的小説《秦俑》改編，「**上下三千年，冥冥三生緣。觀時
移世易，惟真情不渝。**」三千年前，秦始皇的郎中令蒙天放與求藥童女冬兒相愛，
後私情洩露，冬兒被血祭俑窯，蒙天放被泥封為俑像，深埋地下。20 世紀，口含仙
丹的秦俑蒙天放復甦，巧遇酷似冬兒的女演員朱莉莉，兩人在與盜墓賊的搏鬥中生
死患難，再續前緣。穿越時空的生死戀故事總是動人心弦，連大名鼎鼎的成龍，也
拍過以秦朝西安秦俑為主題背景的電影《神話》，運用氣勢磅礴的場面，重現秦朝
千軍萬馬兩軍對峙的陣仗，令人驚豔！

茂陵博物館大門

霍去病墓

無字碑歌：
西線咸陽、寶雞一日遊。

【茂陵博物館（漢武帝墓、霍去病墓）】

西征必備知識：歷史篇

「生男無喜，生女無怒，獨不見衛子夫霸天下。」這是在漢武帝時流行的一句歌謠，傳唱衛子夫從一介歌女，憑藉高潔的品格穩坐后位三十八年的事蹟。也許她的一生就像電視劇一樣深獲武帝敬重，但晚年卻因為受到奸臣江充等人陷害，使得太子劉據以巫蠱之術擾亂宮廷並陷害皇帝，逼得太子為求自明起兵殺江充，最終卻遭誣陷為謀反。衛子夫見兒子起兵失敗，加上曾支持太子起兵，卻又不能表達自己的忠誠清白，選擇在椒房殿自盡而死，徒留無限惋惜。

這段漢武帝晚年的巫蠱之禍非常有名，受迫害者多達四十多萬，以致漢武帝下輪臺罪己詔，而後兩千年的歷朝歷代都對巫蠱一事相當忌諱，成為後宮最禁忌的行為。

　　茂陵博物館距離西安市 40 公里遠，為漢武帝劉徹的墓。當初建墓花了五十三年，據說花費每年三分之一的賦稅來建墓，是西漢帝王陵墓中最大、陪葬品最多的一座。但陝西省境內從古至今共有 72 座帝王墓，埋葬 73 位皇帝（乾陵是唐高宗與武則天同穴而寢），其中除了秦始皇陵及乾陵未被盜，其他無一倖免。

　　跟秦始皇陵比起來這裡並非熱門地點，遊客不多，但因為看過《大漢賢后衛子夫》、《風中奇緣》、《大漢天子》等電視劇，對於漢武帝、霍去病、衛青、衛子夫、李夫人

1 茂陵博物館門口　2~3 馬踏匈奴石雕

等這些西漢名人非常有興趣，所以來到西安的「掃墓」行程，茂陵一直是我最想探訪的地方。如今的茂陵博物館建在霍去病的墓前，博物館不大，進去後就可以看到寫著「霍去病墓」的石碑，兩旁造景簡單，但千萬要記得去看最著名、一共有十來件的大型漢葬石刻，其中又以「馬踏匈奴」最為出名。即使這裡看起來有點荒涼落寞，但我本人站在這裡遙想兩千多年前霍去病的功業與馬上英姿，內心還是相當澎湃。

　　登上小亭子後，如果天氣好可以看見旁邊的衛青墓及金日蟬墓。衛青是霍去病的舅舅，也是平陽公主的夫婿，他從平陽公主府上的馬伕，憑藉自身努力伐匈奴，再加上其姐衛子夫登后位，衛家勢力在漢武帝時達到高峰，他也封侯拜相，位列大司馬大將軍。他與平陽公主的一段故事，在電視劇《大漢賢后衛子夫》及《風中奇緣》的一齣「花月濃」戲碼中，有很多演繹。至於金日蟬，他原是投降漢朝的匈奴人，因為對漢武帝非常忠心，後來賜姓金，死後准許陪葬茂陵。

　　再往旁看去，有一排中國金字塔之稱的帝王陵墓群，但說實在，如果沒有人指點還

李夫人墓

真不知道哪一個是漢武帝的墓,仔細一看也就是一座大土堆。反倒是在漢武帝墓旁有座小一點的墓,是以皇后規格而葬的李夫人,從陵墓的位置可以看出這位傾國傾城的美人在漢武帝晚年非常受寵。但也不禁令人感嘆那位與他結髮數十年,相伴的皇后衛子夫,卻因為晚年疑心她與太子參與巫蠱之禍,使得夫妻不和、家庭破裂,看著她的陵墓離武帝的墓好遠好遠,不禁令人為這一代皇后抱以無限感傷。

茂陵博物館

INFO

交通:從西安火車站搭乘西線旅遊專車可達。由於較為偏僻,交通不算方便,也可考慮參加攜程、途牛等大型當地旅遊網的西線一日遊行程,價格透明化,品質也較有保障。
門票:旺季(3月至11月)46人民幣,淡季(12月至隔年2月)26人民幣。
時間:3月至11月 08:00 ~ 18:00,12月至隔年2月 08:00 ~ 17:30。

西征必備書墨:詩詞篇

提到李夫人,就想起她的哥哥李延年為她寫的歌詞,描寫:「北方有佳人,絕世而獨立,一顧傾人城,再顧傾人國。寧不知傾城與傾國,佳人難再得!」這位傾國傾城的美人,果然吸引了漢武帝的目光,深得武帝寵幸,而且讓她的兄弟因為「一人得道,雞犬升天」,都獲得權勢與富貴。但李夫人是知道的,再美的容貌也有衰老的一天,當李夫人重病時,漢武帝親往探問,她卻以棉被蒙頭,以形貌毀壞為由,婉拒與武帝見面。不管武帝再三勸說,李夫人索性不再應答,於是武帝只好不悅而去。眾人都責怪她為何不讓皇帝見她一面?李夫人說明自己因為容貌得到武帝疼愛,但是色衰愛弛,愛弛恩絕,何不保留完美形象,更讓人永遠懷念。

1 無字碑　2 無字碑介紹石

【乾陵（無字碑與述聖紀碑）】

西征必備知識：歷史篇

武則天一生的傳奇從潘迎紫、劉曉慶、斯琴高娃、歸亞蕾、張庭、賈靜雯、劉嘉玲，一直到近年熱播的范冰冰版電視劇《武媚娘傳奇》，不管從哪一個時間點，哪一位演員詮釋角色，都屬怎麼翻拍也很好看的一個故事。雖然她是創建武周的女皇帝，不過她最後選擇把天下還給李唐，跟唐高宗合葬在乾陵，身分也從女皇帝變成李家的媳婦。她在位期間，維持「貞觀之治」、「永徽之治」的規模，奠下「開元之治」的基礎，這位女皇不論是在政治上的成就，還是男寵後宮，不管千年前或千年後，都是相當為女性爭光的一位典範吧！

1　2

1～2 乾陵告示石碑

　　乾陵是中國歷史上唯一帝后合葬的墓，整個陵墓頭枕驪山，腳踩渭川，中間還有著名的雙乳峰，依山而建的雄渾氣勢極為震撼人心。即使不懂風水的人，走在神道上也都能輕易感受這是一個絕佳的風水寶地。據說當年皇帝派了兩批人馬，從不同方向出發，最後不約而同都選了這塊地方。當年工程浩大、花費甚鉅，在千百年之後，依然能讓後人輕易感受到唐代的強盛。而這座陵墓也是除了始皇陵，唯一未遭盜墓的，據說裡面藏有王羲之《蘭亭集序》等曠世珍寶，但依照中國目前「五十年內不考慮，一百年後再說」的政策，也許就讓這些歷史文物待在最適合它們的地方，直到哪一天它們願意出土面世，或是永遠在地下發光。

　　目前乾陵景區包括懿德太子墓、永泰公主墓及章懷太子墓，這三個是陪葬墓，可以依個人腳力選擇是否全部參觀，或是搭電瓶車節省步行時間。但大家的主力應該都還是放在乾陵的神道（又稱司馬道），這在古代相當於御道，只有三品以上的官員才能走。

1 未開挖及未遭盜墓的乾陵　　2~3 乾陵神道　　4 神道上的鴕鳥是唐高宗最喜歡的動物

　　神道兩旁的石刻有著當時的異獸鴕鳥，據說因為唐高宗喜歡鴕鳥，所以武則天特別造了兩隻在神道兩旁陪著高宗。經過十八對的石翁仲，就可以看見最著名的「六十一蕃臣像」、「無字碑」與「述聖紀碑」。

　　關於無字碑為什麼無字，推探原因有三：一是武則天覺得自己功高德大，無任何文字可形容；二是覺得愧對李唐天下，不寫碑文比較好；三是功過留待後人評斷，因此無字。我個人則是喜歡第三種解釋。

　　在無字碑的對面就是述聖紀碑，這是由武則天親自撰文，中宗李顯親筆書寫，為唐高宗歌功頌德的一篇碑文。歲月流逝，原來有 8,000 字的碑文現在只剩不到 200 字可以辨識。我一直覺得這個碑文可以見證武媚娘與唐高宗之間的感情，歷史上有許多帝王專寵后妃的愛情故事，然而唐高宗才是最常被忽略的專情好男人，不論背後真實的運作與歷史是如何，但能讓武媚娘在三十左右的高齡不斷懷孕生子，就知道唐高宗不會因為有許

1~3 石翁仲　4 闕樓

1~2 六十一蕃臣像　　3 述聖紀碑　　4 述聖紀碑介紹石

懿德太子墓壁畫

懿德太子墓

交通：從西安火車站搭乘 3 號旅遊專車可達（淡季時暫停營運）。由於較為偏僻，交通不算方便，也可考慮參加攜程、途牛等大型當地旅遊網的西線一日遊行程，價格透明化，品質也較有保障。

門票：免費（包含在乾陵景區的門票）

時間：08:00 ～ 18:00

西征必備書墨：詩詞篇▼

因為一個禍從口出的理由，十九歲的懿德太子和妹妹就被奶奶殺了。身為皇室的悲哀，是不是從頭到尾都不能做自己呢？「末代皇帝」溥儀貴為天子卻無奈有如籠中鳥；「汝何故生我家」的長平公主雖沒被父親崇禎皇帝親手殺了，卻活下來背負著少了一隻手臂的深沉哀傷，也生不如死啊！

宋朝詞人歐陽脩的詞《蝶戀花》：「庭院深深深幾許，楊柳堆煙，簾幕無重數。」暗示女主角孤身獨處，在深不見天日的庭院中，楊柳花絮白如煙，層層簾幕遮掩，即使有心事也無人可訴的哀怨。道盡皇室家族裡不是人人都可以飛上枝頭成鳳凰，也不是每位入宮的美人都可以受到皇上親臨恩寵。就連英國王妃黛安娜，即使頂著王室的光環，還是渴望用生命去換取樸實純真的生活與愛情，畢竟幸福往往來自於平凡。

1~2 法門寺舊址

【法門寺】

西征必備知識：歷史篇

印度這個千年古國，歷史上大一統王朝的時間不多。西元前 4 至前 2 世紀的孔雀王朝就是其中一個統一的時代，最有名的是阿育王。他本人歷經多年爭戰及最後與羯陵伽國的決一死戰後，感受到血流成河的痛苦，從此皈依佛教，並以佛法治國。這段歷史在 Shah Rukh Khan 主演的印度電影「Asoka」（阿育王）中有精采的演出。阿育王在位時是佛教於印度發展的黃金時期。他曾經在華氏城舉辦第三次佛教經典結集，也完成了經、律、論《三藏經》，並設宗教部管理宗教，收集佛陀舍利建佛塔供養；同時也派很多傳教使團廣傳佛教。後來隨著阿育王去世，佛教在印度的影響力衰微，一直到西元後的貴霜王朝與笈多王朝，佛教才再度有不一樣的發展。直到現在，印度雖然是佛教的發源地，但信仰佛教的人口卻非常少，主要還是以印度教居多，伊斯蘭教居次。

　　法門寺位在寶雞市，從西安出發約需 2 小時。整個景區包含法門寺舊址、合十舍利塔、珍寶館，三者分別隸屬於旅遊局、宗教部門及文物局管理。

　　法門寺建於東漢末年，原名「阿育王寺」，距今已有近 2,000 年歷史。孔雀王朝阿育王統一印度後，弘揚佛法，把釋迦牟尼的舍利分成八萬四千份，分送世界各處建塔供奉，法門寺即是中國的第五處。

　　魏晉南北朝時，這座寺廟屢遭戰火破壞，尤其是在北魏太武帝時滅佛事件最盛，這裡曾經變成廢墟，後來北魏至西魏陸續有帝王修復，至西魏恭帝時首次開塔瞻仰舍利，這座寺廟開始成為中國佛教四大聖地。唐朝時此寺改名「法門寺」，因唐代有許多皇帝崇尚佛教，高宗、武則天、中宗、肅宗、德宗、憲宗、懿宗和僖宗八位皇帝，六迎二送

1~3 珍寶館入口　4 珍寶館前一景　5 法門寺舊照片　6 合十舍利塔　4 佛光大道

1~2 法門寺宏偉氣派的建築

供養佛指舍利。根據記載：「十年一開，則歲豐人和。」至唐僖宗最後一次送還佛骨時，將佛指舍利及數千件珍寶封入塔下地宮，用唐密曼荼羅結壇供養。這是目前世界上保存最多古物、規模最大且最完善的佛塔地宮。現在遊客進入地宮，只能在走道參觀，透過透明隔離裝置在洞外窺探唐代地宮的輝煌。

　　此外，參觀法門寺必不會錯過由臺灣建築師李祖原設計的合十舍利塔，裡面供奉著珍貴的佛祖指骨舍利。通往合十舍利塔的佛光大道相當氣派，主道上陳列的是十尊菩薩和經幢。而輔道的東邊是佛陀勝蹟，描繪佛陀由凡入聖的過程，西邊則是法界源流，因此佛光大道的含意也是一條成佛大道。

　　法門寺占地頗廣，氣勢弘偉，但除了地宮的佛塔，其他建築物都很新穎又金光閃閃，離開此地還需經過很長的室內紀念品販售區，有人覺得此處商業氣息比宗教氣息還濃厚，這就見人見智了。但來到西線旅遊，法門寺還是值得參觀的地方，至少舍利塔與地宮非常值得細覽。

法門寺

交通：從西安火車站搭 2 號旅遊專車可達，一天一班，08:00 出發，15:00 返回西安，單程票價
　　　25 人民幣。由於較為偏僻，交通不算方便，也可考慮參加攜程、途牛等大型當地旅遊
　　　網的西線一日遊行程，價格透明化，品質也較有保障。
門票：每人 120 人民幣，門票包含法門寺院、法門寺博物館和合十舍利塔三個景點。
時間：3 月至 11 月 08:00 ～ 17:30，11 月至隔年 2 月 08:30 ～ 17:00。

INFO

西征必備書墨：詩詞篇▽

2004 年有一部電視劇《法門寺猜想》，就是以法門寺地宮為背景，從遠古至現代，
元公主與和尚覺能三世輪迴的愛情與掙扎，彷彿糾纏在法門寺。法門寺地宮是近年
來考古學的大發現，典藏許多珍奇寶藏。擅長拍攝歷史劇的知名中國導演陳家林，
決心透過這部《法門寺猜想》，試圖開啟地宮之謎。故事流轉在皈依佛、皈依法、
皈依僧三世之間，最終是個哀淒的悲劇。星雲大師曾經讚美這齣劇，將佛法中的因
緣描繪得很美。我還記得在劇中覺能問師父，為何不攔阻他去見元公主？師父微笑
地對他說：「我以為你不知道如何開啟那扇門？既然你已經走進去了，就繼續往前
走吧！」充滿禪味的答案，令人反覆咀嚼！是的，如果今天你做了選擇，就要尊重
這個選擇，而沒有權利說你別無選擇。

搭乘西峰索道上山時的景色

西峰索道又稱太華索道

華山論劍：
西嶽華山一日遊。

【西峰（蓮花峰）】

西征必備知識：歷史篇

華山在史書裡的記載，最早出現在《尚書·禹貢》篇，當時名叫「惇物山」，至於後來為什麼稱為西嶽華山，其實跟中國歷代的首都有關係。西周首都原在鎬京（今陝西省境內），後來周平王東遷雒邑（今河南省境內），這座海拔 2154.9 公尺的高山就成了都城之西，因此就被稱作西嶽華山，是五嶽當中的第一高峰。
後來西漢建都長安，華山又不在都城之西，西嶽一詞就被停用。一直到東漢定都洛陽後，西嶽華山重新被沿用，直到今日。

　　提到陝西省，我們熟知的是西安市，但其實像寶雞、渭南、臨潼、榆林、咸陽、延安等，都是很有名的地點，也有大量與歷史發展息息相關的古蹟及壯麗風景不容錯過。其中名列中國五嶽之一的「華山」，就位在陝西省渭南市，距離西安市約 120 公里，現在交通方便，加上有西峰索道及北峰索道，上華山登峰望景，已經不只是武俠小說中大俠能完成的事，一般的平民百姓只要願意走路，也都能賞華山景色。

　　對於華山的形容詞，最常聽到的就是一個「險」字。「自古華山一條路」，想像在

1 搭乘索道可深刻感受華山之險　2~3 前往搭乘索道，要爬一段階梯再轉搭電瓶車到索道入口處

陡峭幾近垂直的崖上，體驗陳子昂「前不見古人，後不見來者；念天地之悠悠，獨愴然而涕下」的壯闊，是登西峰最令人一眼難忘的景致。中國在 2013 年建成的西峰索道（又稱太華索道），改變了旅人想探華山之巔卻又心有餘而力不足的困境，現在只需花上 100 多人民幣的車票，搭乘華山景區內的接駁車到達纜車站，再花上 18 分鐘，就能登上海拔 2,000 公尺以上的西峰，觀賞蓮花峰，以及民間故事《寶蓮燈》中沉香劈山救出三聖母的地方。

　　華山景區每天遊客不少，老少咸宜又經濟實惠的瀏覽路線是搭西峰索道上，再視個人體力爬至南峰、東峰、中峰，然後至北峰搭乘纜車下山，全程都走完約需 5～6 小時。最貴又最省力的方法就是搭西峰索道上、下，還可以看到西峰及南峰（最高峰）的景色。如果想要最便宜又最省力，但不考慮景點欣賞多寡的人，就可以選擇搭北峰索道上、下。由於進華山景區、前往索道搭乘地點的接駁車、每段索道都有各自的票價，每樣票的價格都不同，因此進景區前要先想清楚自己的時間與體力，在旅客中心審慎選擇購買好所

需的門票，以便使用在每一段欲前往的路線上。

　　西峰索道需時 18 分鐘，有懼高症的人也許不敢俯瞰華山險峻風光，但其實纜車頗為平穩，如果能放開心情欣賞，除了讚嘆工程的高難度及偉大，更會佩服古人能在這樣的環境生活。當然搭配華山西峰景色，想像金庸及古龍武俠小說中的人物，不管是華山論劍，還是上山找奇花異草的解藥、飛岩走壁的劍客，莫不為登華山增添許多樂趣。

西峰最高處景色

西峰（蓮花峰）

索道營運時間：旺季 07:00 ～ 19:00、淡季 09:00 ～ 17:00。
西峰索道票價：（單程票）旺季（3 月 1 日至 11 月 30 日）140 人民幣，淡季（12 月 1 日至隔年 2 月底）120 人民幣。
華山景區公路交通車專線車票：單程 40 人民幣
華山景區門票：旺季（3 月 1 日至 11 月 30 日）180 人民幣，淡季（12 月 1 日至隔年 2 月底）100 人民幣。門票有效期 2 天。
如何前往：可從西安市區包車或參加旅行社華山一日遊的行程，是否有包餐食，以及各段使用纜車的價位不同，為各種行程價格略有高低的主因。

西征必備書墨：詩詞篇

立於奇險的華山上，群山與白雲都在腳下，感覺獨立昂然，彷彿伸手即可觸及天庭，並且與日月如此靠近，似乎能體會到一種向上的精神空間，以及不斷精進的生命意志。一種對天地的慕戀情懷，讓人們可以進行生命與歷史的反思，原來，不管人事如何嬗遞，青山卻容顏不改，《三國演義》卷頭詞〈臨江仙〉才會很感傷的說：「**是非成敗轉頭空，青山依舊在，幾度夕陽紅。**」
千古騷人以登高山來面對無垠的空間，讓自己真切感受到自身在天地間的渺小。面對春秋代序，日夜更替，啟發人生真諦，而現今的人們倘若遭遇十之八九不如意事時，也可以試試登高，重回天地的懷抱吧！

1~2 長空棧道

【南峰（落雁峰）】

西征必備知識：歷史篇

道教是中國本土宗教，承襲先秦時期民間的巫術、神仙方術，並融合道家、儒家、陰陽家及黃老等思想。最有名的道教派別「太平道」，創立者為張角，因信奉《太平經》而得名。起源於東漢末年，瘟疫盛行，張角以符水替人治病，信仰徒眾多達十餘萬人，最後因為利用「蒼天已死，黃天當立」謀反，即為著名的黃巾之亂。該亂平定後，太平道漸漸銷聲匿跡。

另一派別是「五斗米道」，創教者為張陵，奉老子為教主，以《道德經》為主要經典，在四川一帶頗為盛行。歷經祖孫三代的經營將此派系統化，最後在漢中建立一個中國很少見的政教合一政權，統治當地三十多年。最後張魯投降曹操，為曹魏增添勢力，道教也因此從民間往官方發展。

南峰是華山中最高的一座，海拔 2,160.5 公尺，從西峰步行到南峰約需 40 分鐘，在這段路上可以看到巨靈足、煉丹爐等景點，身為道教聖地，這些地點與老子也有密切的

1 去長空棧道要先往南天門方向　2 南峰攻頂　3 南峰頂上的「華山論劍」

關係，相傳老子便是在南峰上隱居。再繼續往上攀爬可到達南峰頂，在拍下攻頂照前，建議先跟「華山論劍」來一張合照，畢竟這是最能代表華山的一句話。

　　離開南峰頂的地標後，喜歡冒險感受華山「險」字的人，一定不能錯過「長空棧道」。長空棧道位於華山南峰東側山腰，是華山派第一代宗師元代高道賀志真為了靜修成仙，在絕壁上鑲嵌石釘、搭木道而建。這段路一邊是險峻懸崖、一邊是窄到無法正面行走的木棧道，必須先自費花個幾十人民幣繫著鎖鏈確定安全後，才被允許走上長空棧道。由於一次只容許一個人走，所以走到一半也不能反悔，否則後面的人就會無法往前，總之非常刺激。來到這裡確實能感受古代得道高人的仙風道骨，以及跟天地合為一體的那種感覺呀！

　　還有體力的人可以再往東峰前進，到下棋臺遙想漢武帝及宋太祖禮賢道士的軼聞趣事。在東峰還有一個「鷂子翻身」，驚險度比起「長空棧道」有過之而無不及，必須全

金鎖關是西、南、東峰共同交會點

神貫注、手腳並用，才得以一步步安全
的往下攀岩。此外，東峰也是觀日最佳
的所在地。如果有體力及時間，南峰攻
頂後便可往西、南、東峰的共同交會點
「金鎖關」前進，接著越接近北峰，就
代表距離下山的時間不遠了！

　　目前華山各處的標示都非常清楚，
會在路牌上標明前往各景點約需多少時
間，讓遊客可依自己的體力及狀況去決
定要看多少風景。通常如果是搭西峰索
道上山，最起
碼爬到南峰
攻頂是大部
分遊客都可
達成的範圍。

南峰（落雁峰）
見前文 P138。

煉丹爐

王母殿

西征必備書墨：詩詞篇

提到華山論劍，通常會令人聯想起《神鵰俠侶》的結局，楊過袍袖一拂，攜著小龍女之手，與神鵰並肩下山。當時明月在天，清風吹葉，郭襄再也忍耐不住，淚珠奪眶而出。

郭襄為何淌著淚珠呢？因為她知道，和楊過這一別，何年何月才能再相見？情竇初開的小郭襄，深深被英俊挺拔的楊過吸引，奈何楊過身邊已經有了摯愛的小龍女，對於郭襄也僅止於晚輩的疼愛之情，而「曾經滄海難為水，除卻巫山不是雲」的小郭襄，只好將這份情感深深埋藏在心底。郭襄創立峨嵋派，隨著花開花落、花落花開，紅顏少女的鬢邊也見斑白。這位小東邪，自十六歲後鬱鬱寡歡，孤獨終身，無法忘懷楊過在襄陽城上為她祝壽的煙花，無法忘懷自己縱身隨楊過跳下絕情谷的衝動，這份情愫作者雖沒明說，廣大的讀者卻都已經知道理由，只為了一位值得終身相思的人啊！

1~2 北峰索道

【北峰（蓮花峰）】

西征必備知識：歷史篇

在華山北峰有一條著名的「智取華山」路，是一處 1949 年解放軍與國民黨軍隊的著名戰爭地點，這段故事對臺灣人來說不熟悉，但在陝西一帶幾乎大家都知道這個典故。既然爬了北峰，走了智取華山路，那麼就大概了解一下是什麼故事吧！

1949 年 5 月，解放軍第一野戰軍至西安，當時任陝西省第八區（大荔）行政督察專員兼少將保安司令，兼任陝西省保安第六旅旅長的韓子佩，率一個警衛營和旅直屬隊逃上了華山，企圖想躲進華山繼續抵抗。又因為想獲得更多糧食，延長在山上的時間，所以把山上的道士趕下山，但此舉卻被解放軍抓住機會，一一向下山的道士詢問情況，最後找到了攻上北峰的祕密道路，這就是智取華山的背景，而韓子佩最後於 6 月投降，同時被判刑。

　　北峰海拔 1,614 公尺，跟其他幾座峰相比較低，北峰索道也是最早讓遊客不需花太多體力便能登華山望景的便捷交通。目前上華山的方式，以搭北峰索道來回最便宜實惠。下纜車後就可以看到華山論劍的地標，據說當年金庸本人也是搭北峰索道與華山論劍合照，留下難得的紀念。

　　北峰沒有與西、南、東峰連在一起，若要經北峰下山搭索道，還是要步行約 1 小時左右的路程，由於都是下山的樓梯，部分路段不太好走，因此即使是下山仍舊頗耗體力。爬完華山，不管是搭什麼纜車節省時間，都還是非常訓練腳力，回家會「鐵腿」好些天，但這也是旅行超越自己的一種成就感呀！

　　當然也有許多嚮往自然及樂在登山的遊人，會選擇從北峰步行上山至其他峰去遊覽華山，這種是最耗體力但也最一步一腳印的走法，沒有好壞，全視個人體能及興趣考量。

1~3 到處綁滿紅絲帶的愛情鎖　4 智取華山國共內戰相關碑石　5 五雲峰古時稱中峰，位在蒼龍嶺上，是東西南北四座主峰中央

　　不知從何時開始，好像這些登高處都流行綁個愛情鎖，象徵情比金堅，所以在華山之上，也到處可見賣鎖的小攤，以及綁著大大小小愛情鎖與紅布條的人文景觀。算是華山風景外的另一篇章吧！

北峰頂紀念亭

擦耳崖

北峰（蓮花峰）

索道營運時間：旺季 07:00 ～ 19:00，淡季 09:00 ～ 17:00。
北峰索道票價：單程票 80 人民幣，往返 150 人民幣。
華山景區公路交通車專線車票：單程 20 人民幣
華山景區門票：旺季（3 月 1 日至 11 月 30 日）180 人民幣，淡季（12 月 1 日至隔年 2 月底）100 人民幣。門票有效期 2 天。
如何前往：可從西安市區包車或參加旅行社華山一日遊的行程，是否有包餐食，以及各段使用
纜車的價位不同，為各種行程價格略有高低的主因。

西征必備書墨：詩詞篇

愛情鎖是現代人鎖住緣分的象徵，將兩個相愛的人緊緊鎖在一起，永遠不分開。「一種相思，兩處閒愁」，指彼此之間的心意相通，這種相思反而甜蜜啊！不管分隔多遙遠，不管時間多漫長，只要驀然回首，即可發現，那人便在燈火闌珊處等待著你，「**我君似君心，定不負相思意**」。

宋代文豪蘇東坡，向來以瀟脫與豪放性格著稱，其實他也有深情與溫柔的一面，最膾炙人口的一首詞，便是他思念亡妻王弗的〈江城子〉，用十年政治生涯的不幸遭遇與感慨，形象化反映了對妻子的深沉思念與無盡感傷。「**十年生死兩茫茫，不思量，自難忘……**」十年，以時間量化是有限的，若以生死界定卻是永無止境的分離，生死兩個世界，不僅彼此全無所知，也永無所知，這種愛情的悲傷，字字句句中令人更加惆悵啊！

【絲路篇】

歷史絲路。

　　司馬遷在《史記》中描述：「於是西北國始通於漢矣。然張騫鑿空，其後使往者皆稱博望侯，以為質與國外，外國由此信之。」稱讚其開通西域的作用，史稱「鑿空」。西元1世紀前後在漢代對西域的積極經營下，商業活動展開，發展出一條東自西安，經敦煌、西域，向西通到大秦帝國（即羅馬帝國）的商道。

　　在過去所謂西域的概念是指玉門關、陽關以西的廣大地域，包括今日中亞、西亞及印度等。這些可以從邊塞詩琅琅上口的名句，如：「西出陽關無故人」、「春風不度玉門關」中可見一二。進出這些關口的商旅們，都必須出示通關文牒，相當於現在的護照，可見這裡是過去中國與外國之間的國際大門。如今我們可以懷著感念踩踏前人流血流汗走出的大道，去遙想兩千年來的異域風情與繁華，絲路彷彿披著神祕面紗，吸引有興趣的人們前來一窺究竟。

　　關於絲路過去的歷史，最引人津津樂道的還是張騫通西域那一段。漢初，蔥嶺以西的小國多臣服於匈奴，武帝時欲聯合大月氏共同對抗匈奴，派張騫出使西域，前後兩次。第一次是漢武帝建元二年至元朔三年，前後共13年，起因是武帝準備討伐匈奴，為聯絡同與匈奴有仇恨的大月氏國，派遣張騫出使卻遭匈奴扣留十多年，並在匈奴娶妻生子。十多年後大月氏已在中亞有新土地，無意對匈奴報復。第二次是霍去病已經收復河西四郡，張騫建議武帝聯絡烏孫國以斷匈奴右臂，於是張騫帶領三百人及金銀財寶至烏孫國，但匈奴在西域威風猶在，烏孫國不願得罪匈奴，張騫仍未能達成目的，不過派遣副使至大宛、大月氏、大夏、安息等國，使得西域大通。雖然沒有直接達成武力的目標，卻促使武帝了解西域的風土民情，進而經營西域。

　　西漢宣帝時，天山北路匈奴降漢，漢設西域都護府統領西域數十國，維持西域各國貿易往來的和平與協調糾紛。東漢明帝時派班超出使西域，威震西域各國。前後與西域的往來促使東西文化交流，是中國以漢人為歷史主軸中，一頁傳奇又豐富的版圖。

印象絲路。

　　以最基本的絲路行程來說，如果起點是選在洛陽或西安，那麼終點就是烏魯木齊，當然從這裡要一路橫跨中亞到達當時的大秦（羅馬帝國）還有一段非常遙遠的距離，不過以中國境內的絲路來說，從路況、治安的安全度考量，這段是最適宜體驗遊戲絲路的路線。

　　烏魯木齊是很現代化的大城市，早晚溫差大，但基本上夏季氣候很舒服，大約攝氏25度左右，最熱約攝氏30度上下。中國用「大美新疆」來宣傳這片遼闊的自然土地，加上此處少數民族哈薩克族及維吾爾族的特色鮮明，從一落地踏入烏魯木齊機場時，就可以看到所有的標示都包含了漢語及維吾爾語，有些還有哈薩克語，真是非常西域風情呀！

　　雖然走一趟絲路仍是辛苦的旅程，但現在我們可以花十來天的時間，利用巴士馳騁大漠；相較於古代的駱駝商隊，則是要花上一年半載的時間，來行走這段充滿戈壁、沙漠，還有很多危險地點的路線。絲路真是一條令人著迷又充滿異國風情的旅遊選擇呀！每回到中國旅遊一次，就深深體會這裡真的好遼闊，一路從新疆、甘肅到陝西，就拉了4,000～5,000公里的路程，而這僅是絲路最精華的一段而已。如果有機會，想把南疆和北疆都走完，看遍古代西域36國的風光，應該是人生的一大壯遊吧！

【交通錦囊】

- **飛機**：2013 年開始，臺灣有直飛烏魯木齊的班機，航程約 6 個多小時。如果選搭中國的航空公司，在蘭州等城市轉機，航班選擇更多。降落機場為地窩鋪機場（URC）。可上 Skyscanner、攜程網等 APP，查詢即時票價。

從天水前往陝西寶雞的蓮霍，途經高速公路休息站

- **機場**：目前機場有三個航廈，每一座航廈均有機場巴士與計程車的上下車地點，行駛至終點站——火車站，全程 20 公里，票價 15 人民幣。夏季 06:30～23:00，06:30～08:00 每半小時一趟，08:00～23:00 每一小時一趟，整點發車。冬季 07:30～22:00，07:30～09:00 每半小時一趟，08:00～23:00 每一小時一趟，整點發車。

- **公路**：貫穿中國東西向的連霍高速公路（江蘇省的連雲港到中國及塔吉克邊界城市霍爾果斯，公路編號 G30），全長 4,395 公里，於 2013 年通車。有了高速公路就代表路況佳，不用半夜起床趕路拉車，又能確保每 100～200 公里間就有一個現代化的休息站，這意味著有沖水式廁所，並非令人望而生畏的旱廁（茅坑）。總而言之，現在去絲路很多基本條件都比以前好很多。

- **快速巴士**：在捷運尚未完工前，烏魯木齊市區有快速巴士（BRT），現在已運行的路線為 1、2、3、5、7 號線，4 號及 6 號線則正在動工中。

- **捷運**：目前烏魯木齊規劃五條捷運路線，預計 2019 年全線完工，未來可搭乘捷運至機場。

1～2 到新疆一定要來上一份大盤雞

【美食錦囊】

新疆大盤雞

　　新疆菜最大的特色就是孜然香氣。這個 1990 年代才在新疆崛起的人氣美食，十幾年來因為太受歡迎，如今在許多新疆餐廳都可以吃得到。記得以前看電視介紹，在中國大西北一帶，由於有很多跑長途的貨車司機，中途肚子餓時，於黃沙滾滾的道路旁，就會有很好吃、很道地的餐館，用料實在又大碗，賣的就是大盤雞。

　　既然叫大盤雞，顧名思義就是分量一定很大，土雞的肉質 Q 彈多汁，搭配馬鈴薯切絲，沒有黏膩的口感，反而多了清脆與香甜。大盤雞少不了許多辛香料，例如：蔥、薑、蒜，還有豆瓣醬等。如果能吃辣，再加上花椒與朝天椒會更帶勁夠味。

　　光是吃雞不夠過癮，要口感再多一點層次，就一定得試試西北強調手工現擀，口感紮實彈牙的二節子麵，說是二節子麵其實還不足以形容，應該用被單來形容這樣的麵條更貼切吧！一條麵長至少 30 公分以上，厚度則有 0.5 公分，浸在大盤雞湯汁裡，先吃上幾塊雞肉，再吃上幾口已經沾滿雞汁的麵條，十分對味又能滿足口腹之慾，這道大盤雞稱得上是新疆餐館必點的美食之一。

炒酸奶

　　酸奶類似我們在超市常買到的優酪乳，在印度稱作 Lassi。在中國旅行，從北京到西北各省分，四處都可以見到酸奶，或是瓶裝液狀的，或是盒裝半凝固狀的，也有許多地方可以看見寫著：「特製酸奶」或「自製酸奶」的標示。由此可見，酸奶在中國北方各省分是很受歡迎的飲品之一。

　　好喝的酸奶當然是越濃稠越好，價格差不多是 3 ～ 5 人民幣不等。想品嘗好喝的酸

奶容易，但炒酸奶，我到了西安才頭一回看見有人在賣。其實就類似炒冰淇淋的作法，把半凝固狀的酸奶，放進冰凍的平鍋（炒冰機），用柄勺快速拌炒降溫，就可以做出有冰淇淋口感的酸奶，最後依照各人喜好，加入堅果類的配料，或是各式果醬來增添風味，不過我個人是比較喜歡純粹的酸奶原味。炒出來的酸奶分量不少，價格約 8 人民幣左右。

炒酸奶

其實這道特色小吃並非局限於西安，據說在河南的開封及鄭州也都可以看見，總之喜歡酸奶的朋友，有機會到中國旅行時，不妨睜大眼找找看有沒有炒酸奶的小攤，或者也可以去雜貨店買杯冰酸奶來解解饞！

蘭州拉麵

麵食是西北地區飲食的靈魂，到了甘肅省會蘭州，最為人熟知的就是牛肉麵。在這裡的麵條是先點先拉，將麵團分成一個個，等有客人點麵時，再把麵團壓成條狀，向中間對摺拉扯幾次，依照寬、細、圓、扁這幾種規格拉成的麵條，為蘭州拉麵的經典。

蘭州與拉麵彷彿劃上等號了

最早的蘭州拉麵始於清朝，當時只有達官貴人才能吃到這種美食，但現在已是當地最平民化的小吃，因此地方政府甚至規定拉麵的價格不能超過多少錢。目前在蘭州要吃拉麵，最正確的講法是「蘭州牛肉麵」，而「蘭州拉麵」則是代表城市特色的一種名詞，並非專指這道美食。蘭州牛肉麵館多為回民所開設，將清湯、蘿蔔、蒜苗、辣椒、黃亮的麵條，製作成肉爛湯濃的標準蘭州牛肉麵口味，是許多蘭州人心目中百吃不厭的蘭州美食。

雪山駝掌的賣相不錯，但大部分的人不太敢吃

烤全羊端上桌全貌

雪山駝掌

敦煌有一道名菜駝掌，這種食材對身處臺灣的我們而言相當陌生，也許很多愛護動物者更是會拒絕品嘗。然而這是大多數到敦煌的遊客都曾聽過或遇見的一道菜，不妨在此認識一下。

駱駝的駝掌是全身最堅實的部位，在沙漠長途跋涉主要依靠充滿筋的駝掌支撐。但因為駱駝是人類在沙漠中不可或缺的夥伴，所以很少有人會宰殺，大多等其年老去世時，才取下駝掌入菜，因此也算是道名貴的菜，在比較大的餐廳才能吃到。

筋的部分需與雞及其他配料燉數個小時，至筋肉分離後，切片盛盤，盤上以蛋清及肉末裝飾成白色駝峰狀，賦予色香味俱全的完整感。

烤全羊

草原上的民族用來招待貴客，最澎湃的食物非烤全羊莫屬了，大概類似東南地區的人喜歡用烤乳豬來表示慶賀、歡迎與祝福。烤全羊在新疆與蒙古都常見，使用約莫兩歲大的小羊（ 10 ～ 15 公斤）最為適合。

新疆的維吾爾人是烹調烤全羊的高手，在過去為達官貴人或特殊節日才能吃到的食物，現在已經是一般平民百姓都可享用的料理，在夜市或巴扎都能看見回民販售烤全羊。烤全羊的步驟是：選料→宰殺→清洗→穿木棍→塗香料→烘烤（金黃色）→成品。上桌時主人會請席上貴客先用小刀取用，然後再逐一開動。吃的時候是用小刀一片片割下肉片，再佐以其他搭配的涼菜或熱炒菜餚。席間會有歌舞助興，在這片草原的天空下，不妨豪邁的大口喝酒、大塊吃肉，在歌舞中同歡樂吧！

犛牛乾在新疆的商店很常看到

海娜古麗的看板

【名產錦囊】

犛牛乾

　　全世界大概 80% 以上的犛牛產於中國，西藏、新疆等地都常見犛牛乾作為風味零食在超市商店販售，口味也有非常多選擇。這種動物對於來自臺灣的我們而言，不算熟悉，許多人大概只是看看熱鬧，不會真的買來吃，但這在當地倒是挺常見的食物，如果敢吃各種不同肉類的朋友，建議去超市選購。

海娜古麗

　　伊斯蘭的世界裡，天然的指甲花粉有非常多作用，原文是 Henna，在新疆則稱「海娜古麗」。由於是天然植物染料成分，用來作為彩繪身體的原料或染髮、護髮的材料，都深受伊斯蘭女性歡迎。

　　身體彩繪與傳統刺青的永久性紋身不同，印度稱為「蔓哈狄」（Mehndi），傳到西方後被稱為「指甲花紋身彩繪」。所謂的蔓哈狄，是將指甲花海娜古麗製成原料後，置入軟性的小管之內，然後畫在身體上，通常是畫在手及腳上居多。而海娜古麗也可以作為染髮的染料，其天然的顏色呈現棕帶紅，若用蛋黃等滋潤的材料調和，則可以護髮。在新疆的商店及巴扎都很容易找到。

　　海娜古麗大部分是粉狀，用袋子包裝，方便回家自己加水製作染料，也有調好膏狀的軟管，但較少見，可以買來為自己的手腳繪上美麗的蔓哈狄圖案。

葡萄乾與紅棗

　　新疆因為氣候的關係，吐魯番的葡萄、哈密的瓜最為有名。多汁清甜的口感，是夏

1 在吐魯番可以買到自產新鮮的葡萄乾，非常好吃　2 夜光杯的製作過程　3 透光度極好的夜光杯

天至新疆旅行時不可錯過的水果。來到新疆，當地的回民大多都以自產自銷的方式，就地取材自家水果，利用天然乾燥的氣溫，在自建的曬房裡，曬出一批批口感質量極佳的葡萄乾。依照大小或品種不同，有的偏甜、有的偏香，可以品嚐後視個人需求決定喜歡的味道再購買，非常應景且道地。

　　至於新疆的紅棗也相當有名，為養血補氣的保養品，顆粒比我們一般常見的要大上許多，乾燥的大紅棗可以直接當零食吃，也可以泡茶或煮湯，喜歡食補的朋友，應該會喜歡這款新疆特產。

夜光杯

　　「葡萄美酒夜光杯，欲飲琵琶馬上催。醉臥沙場君莫笑，古來征戰幾人回。」嘴上唸著這首膾炙人口的〈涼州詞〉，來到了酒泉則會更加有感觸，最應景的紀念品是夜光杯。最早在中國周朝時，就已經有外方以和闐玉製成杯子進貢給周天子，後來則用各種質地不同的玉（墨玉、黃玉）等製作薄透細膩的酒杯。特色是耐高溫且抗低溫，加上杯身薄而透光，在月光下或燈光下飲用別有風味。

　　來到酒泉不妨欣賞一下夜光杯的造型，如果價格及質感都符合自己的喜好，收藏一組夜光杯也是不錯的絲路紀念品。

圈住花樣年華少女的小姐樓

小姐樓的樓梯非常窄小，都由丫鬟來張羅一切生活事物

西出陽關
無故人：甘肅段。

【天水·胡氏故居】

宋代以後，科舉取士達到巔峰，造成門閥式微，社會漸趨平等，平民成為推動城市文化的主流。又因此時農工商業興盛，城市居民的時尚成為日常生活文化的引導者。到明代有錢人不顧官府強調「務從儉樸」、「不得奢僭」的主張，而追求華麗服飾。民間生活日漸精緻化、奢華化，紛紛仿效官員的生活，富民穿朱服紫（指穿紅色及紫色衣服之意）的僭越現象屢見不鮮。文人因拜金縱慾而結交富商巨賈，商人為附庸風雅而攀交文人雅士，更突顯當時浮誇成性的社會風氣。

明代更有陸楫的〈禁奢辨〉一文，曰：「吾未見奢之足以貧天下也」，認為節儉僅對個人及家庭有利，從社會考慮則有害，由此可看出明代的經濟風氣與過去截然不同的觀點。

　　在伏羲故里，除了看伏羲廟，座落在天水市中心的胡氏民居古建築群也是不容錯過的景點。這座建築群又稱南北宅子，分別是明萬曆年間胡來縉和其子胡忻所建。父子為當時鄉里美談，一同在朝為官。西北地區的民風較東南純樸，北方較為突出的沉穩與踏實風格，反映在這座建築的布局、結構、脊飾、磚木雕刻之上。因為西北地區天氣乾燥，使得三、四百年前所建的宅院能保存良好，多年來沒有經歷過大型翻修，維持古代傳統樣貌，是西北地區非常難得的國家保護級民居代表。

皮影戲的觀賞室

　　在欣賞這座四百年歷史的宅院時，除了能感受北方民居的樸實，還能發現具有南方巧思的園林造景，百姓使用竹子、臘梅、銀杏等南方植物，使得南方園林的風情在北方悄然呈現。參觀故居時，令人印象最深的是小姐樓，窄窄的木樓梯，連接了一樓與二樓，也連接了花樣年華的少女青春，從此只有二樓那一方小小的天地。在明代的千金小姐，未出嫁前都只能住在二樓的繡樓，房間不大，所有生活所需得靠貼身丫鬟通過窄木梯去張羅。在讚嘆明代建築群之餘，不禁也為百年以前的女性低嘆。

　　此外，院內有許多古槐，槐樹同時也是天水市的市樹。民居內還有一個地下的藏糧洞，可以持手電筒彎腰去探訪，另外也有一間專門表演皮影戲的小劇場，可以免費欣賞皮影戲。

胡氏故居 INFO

交通：搭公交 1、2、3、6、22、23 路可達。
門票：可用證件換門票進入參觀
時間：08:30 ～ 18:00

　　提到小姐樓，不禁想起明代湯顯祖有名的戲曲《牡丹亭》。「原來姹紫嫣紅開遍，似這般都付與斷井頹垣。良辰美景奈何天，賞心樂事誰家院。」描寫杜麗娘晨起，梳妝打扮，準備遊園。既寫實景，又寫心情，面對滿園繁花簇簇，姹紫嫣紅，竟長久以來埋沒於這荒廢園內，令人感慨萬千，不勝唏噓。寫盡千古閨女傷春的深層心理，猶如她這般青春燦爛的容顏，也在寂寞深閨中花開花落，悄悄流逝，無可奈何，點出自己感傷年輕美好歲月的空虛。

　　自古禮教束縛了追尋自由愛情的女性，一方天地，重重煙樓，青春少女的花樣年華怎鎖得住？多少宗教、社會禮俗、法律、教育，幾千年來都視作洪水猛獸般的愛情，偏偏就是無法阻擋、無法壓抑，因為感情是人類最高貴的情操啊！

想到伏羲便不能忘記好好研究一下位在正殿裡的八卦圖　正殿裡的大型彩塑伏羲像

【天水・伏羲廟】

關於伏羲的故事最為人津津樂道的就是與女媧是一對，並且是中國人類的始祖。東西方都有人類觸犯天顏因而受洪水懲罰的故事，西方有諾亞方舟，中國則有女媧、伏羲坐在葫蘆裡度過一劫的傳說。不過女媧、伏羲這兩人在神話裡原為兄妹，但為了繁衍人類，經過好幾次的測試天意，最後決定結婚生子，這段神話可以從湖南的歌謠略見一二：

「妹打主意難哥哥，各一爬上一高坡。對山燒火火煙絞，兩煙相絞把親合。兩股火煙相絞了，妹妹還是不願合。妹想合親急出火，出點主意逗哥哥。……妹妹對山滾石磨，果然磨石疊合了。……磨石合了我不合，圍著大樹繞圈捉。若是哥哥追著我，妹拉哥哥把親合。」

　　天水，是中國地理上「南船北馬」、雨量分水嶺的分界點，一路從蘭州前往天水的路上，便可感受到蒼綠的山頭逐漸取代了過去幾天看不盡的黃沙戈壁。天水一如其名，

【蘭州·黃河母親像】

西
征
必
備
知
識
：
歷
史
篇

我們常聽到蒙受冤屈的形容是：「跳到黃河也洗不清。」的確，如果親眼見識到黃河，便能了解黃河的水真的很混濁，黃土高原的黃沙，對於這條母親之河數千年來一點都沒有客氣過。那麼這句話的典故是來自哪裡呢？其實是來自清朝很有名的一本小說《兒女英雄傳》第二十二回〈晤雙親芳心驚噩夢 完大事矢志卻塵緣〉：「……我何玉鳳這個心跡，大約說破了嘴也沒人信，跳在黃河也洗不清，可就完了我何玉鳳的身分了！這便如何是好？……」

這本描寫俠女十三妹何玉鳳的清代小說，原名《金玉緣》，近年來很少被翻拍成影視作品，不過 2013 年，有一部《仙俠劍》倒是以何玉鳳為主角，描述其闖蕩江湖的故事。

　　蘭州有一條濱河路，就是沿著黃河南岸開通數十公里的一條路。而每位遊客到蘭州必走的行程就是：「黃河母親雕塑 — 中山橋 — 蘭州水車園」，這應該是最極簡精華的蘭州市區路線。若時間更充裕的遊客，還可以到白塔山的公園走走。

　　黃河母親像就位在蘭州黃河南岸的濱河路中段，是代表中國母親之河藝術雕像最出名的一尊。該雕塑由甘肅省著名的雕塑家何鄂女士創作，長 6 公尺，寬 2.2 公尺，高 2.6 公尺，總重 40 餘噸。西方文藝復興有拉斐爾畫風秀麗純美的《聖母與聖子》，在中國大概就是這尊《黃河母親像》，可以用母親與孩子的形象，表達了孕育中華文化的母親之愛。至於在雕塑基座上的水波紋和魚紋圖案，則是源自甘肅古老彩陶的原始圖案。

這座黃河母親像是來到蘭州必拍之處

黃河母親像

交通：搭公交 25、142 路至「黃河母親」站下車；或是搭 18、56、58、103、106、107、111、118、120、130、137、139、302、313 路至「西湖公園」站下車，再步行約 700 公尺即達。

門票：免費

時間：全日

西征必備書墨：詩詞篇

中國，自古以來紛擾動盪，改朝換代，戰火綿延。黃河是孕育大地的母親，正見證了數千年「朝」起「朝」落啊！〈木蘭詩〉是一篇歌頌女英雄木蘭女扮男裝代父從軍的敘事詩，其中「**東市買駿馬，西市買鞍韉，南市買轡頭，北市買長鞭。朝辭爺娘去，暮宿黃河邊。不聞爺娘喚女聲，但聞黃河流水鳴濺濺。**」正反映了戰爭頻繁、好勇尚武的社會風貌。在民間傳說喜劇版本，木蘭因受傷而被將軍識破，將軍愛慕木蘭的智勇雙全，凱旋班師回朝後，皇帝賜婚，兩人共結連理幸福過日子。但是，戰爭的無情殘酷，多少人無法順利回到家鄉？多少家庭從此天倫夢碎？黃河千年來是否親眼所見這場悲劇不斷上演，才會止不住唏噓的悲鳴，流不盡混濁的淚水呢？

1~2 黃河鐵橋的告示碑

【蘭州‧中山橋（黃河鐵橋）】

中國列於世界四大古文明之一，而這四大古文明的共同點即為「大河文明」，因此黃河就成為中國文明的母親。而中國歷史也是從黃河流域開始發展，最早信史的開端大家公認是從夏朝開始，夏、商、周三代所發現的遺址文物，大多集中在河南省與陝西省，即為過去所說中原與華夏的觀念。

秦朝與西漢建都於咸陽及西安，東漢則建都於洛陽，至東漢末期的三國，南方在孫吳的經營下才開始有了顯著的發展。後來的魏晉南北朝，定都於今日南京的南朝（宋、齊、梁、陳）將南方開發得更加徹底。不過最後這紛亂的四百年，是由關隴（陝西及渭水一帶）集團的楊堅篡北周而建立隋朝統一天下；而後開拓中國盛世的唐朝，基本上以關隴集團為政治主力，直到唐中期後的安史之亂及唐末的黃巢之亂，才漸漸改變中國北重南輕的發展。

　　蘭州是甘肅省的省會，從新疆一路東行，城市的規模越來越大，路邊攤賣的東西已經漸漸沒了西域風情的味道，類似淘寶網夜市版的路邊攤在蘭州熱鬧商區此起彼落。來到蘭州，除了吃大家都熟悉的拉麵，最重要的是可以親睹黃河真面目，念了一輩子的黃河，終於也算達到「讀萬卷書行萬里路」的皮毛境界了。

　　地理課本上的名詞活生生出現在眼前，是每次到中國，還有許多世界古城旅遊最令我印象深刻的事。要欣賞滾滾黃河的模樣，站在中山橋上是不錯的地點。中山橋原名「第一橋」，座落在白塔山下，橫跨黃河兩岸，始建於清光緒末年，後來於 1928 年時，為了紀念孫中山先生，而改名中山橋。

　　來到橋上會發現人來人往很熱鬧，還有穆斯林在販售爆米花，我真的很喜歡看這種多元文化交錯的人文風景；加上行到蘭州已近傍晚，華燈初上的模樣，竟為中山橋添上

1～2 就是這座黃河鐵橋，非常有上海白渡橋的感覺　3～4 滾滾黃河非常有歷史力量

了淡淡的上海風華味道。有種像走在上海白渡橋的錯覺，都是發思古幽情的地點。

拿著相機貪婪拍著滾滾黃河，想著李白的〈將進酒〉：「君不見黃河之水天上來，奔流到海不復回。君不見高堂明鏡悲白髮，朝如青絲暮成雪。人生得意須盡歡，莫使金樽空對月……」當我站在橋上，撇開四周川流不息的遊客與人潮，來到這裡，滿腦子都是這首詩重複又重複，像是有種可以穿越時空的魔力，讓自己置身在千年以前的世界。李白把西域人的奔放揮灑在這首詩中，描述黃河的壯闊，真的相當貼切，不愧是眾所周知的詩仙呀！

中山橋（黃河鐵橋）

交通：可由市區搭公交 2、4、6、9、13、15、101、102 路至「西關什字」站下車，再向北
　　　步行約 100 公尺即達。

門票：免費

時間：全日

INFO

1~2 走過黃河鐵橋，就可以到對面的白塔山公園　　3 橋上非常熱鬧，也有回民販賣小點心

劉禹錫〈浪淘沙〉
九曲黃河萬里沙，浪淘風簸自天涯。
如今直上銀河去，同到牽牛織女家。

雄渾壯麗的黃河，曲轉千折，波濤萬里，滾滾沙泥，從天邊浩蕩奔流而下，真是「黃河之水天上來」啊！讚嘆這美景的時候，詩人引發了聯想：天上不是有一道銀河嗎？這來自天上的黃河一定是跟銀河相通了。於是詩人歡呼起來：來吧！沿著這黃河往上走，直走到銀河，上牛郎、織女家瞧瞧吧！

夜裡仰望星空，不知不覺就會想起牛郎與織女，這兩個銀河系最美麗閃亮的星座，繫絆著千年不朽的傳說，織女為天上仙女，下凡到人間，和牛郎相識相戀，結為夫妻。而後西王母召回織女，牛郎不捨分離追上天，西王母罰他們隔河相望，只准每年七夕的夜晚相會一次。而黃河的盡頭，相傳就是織女的家啊！劉禹錫當時因得罪權貴，接連遭貶，到黃河的盡頭負責淘金沙，面對滾滾黃沙，浪濤洶湧的黃河，他沒有沉淪河水中，而是用積極樂觀的態度面對世事的變遷。同是在河邊生活，牛郎、織女的天河恬靜而優美，黃河邊的淘金者卻整天在風塵泥沙中討生活。如果能順著黃河水，拜訪牛郎、織女，那該有多好啊！這首絕句，寄託了他心底對寧靜田園生活的憧憬，這種浪漫的理想，以豪邁的口語傾吐出來，有一種樸素無華的美。

詩仙李白的「黃河之水天上來，奔流到海不復回」傳頌千年，詩豪劉禹錫的想像力是否更加淋漓盡致呢？

水車園是感受水車與蘭州這座城市歷史的好地方　　　　　蘭州水車介紹牌

【蘭州・水車博覽園】

西方史學家湯恩比（Arnold Joseph Toynbee）除了提出「工業革命」一詞，還曾提出「困境說」理論。他解釋，在艱困的環境中，是促成人類文明發展的動力。如果由這個理論推演，那麼年年氾濫的黃河，其偉大且不可知的自然力量，造就了中國西北的人民在與大自然相依存中，找到平衡的方法，而水車及羊皮筏都是最好的見證。

中國的科技史其實光采奪目，這一點可以從科技百科大全的《天工開物》略知一二，宋應星在書中畫出了中國人使用近兩千年的水車圖。以前人們稱水車為「翻車」或「龍骨水車」，最重要的功能就是把水從低處打至高處，最早出現在三國時代的魏國，由一位叫馬鈞的人所發明。

　　在蘭州市區最能有效感受黃河對於中國文明孕育的精華景點，千萬不要錯過這條濱江路，而最直接的方法就是搭乘公交 25 路，這可以稱做是欣賞黃河的最佳風情線。在看過黃河母親像及走過中山橋後，就可以來到水車博覽園。

　　蘭州水車又有「天車」、「翻車」等名稱，從明朝開始就是蘭州當地的特色文化之一。如果有看過成龍主演的電影《環遊世界八十天》，在他們經過每一個國家時，一定會出現最具代表性的城市與建築，例如到印度就會看到泰姬陵；可是當他們到達中國時，第一個出現的城市不是西安，也不是北京，而是蘭州。並且在傳統北方村落裡出現了一個很顯眼的水車。由此可知，水車及黃河代表中國北方文化的重要地位。

　　蘭州水車博覽園是由水車園、水車廣場、文化廣場三部分組成。當然其中最有看頭的就是水車園內頗具歷史的雙輪木頭大水車，圍堰、水磨坊。由於蘭州乾旱少雨，因此

1~3 木頭大水車是古物

水車的運作在旺水季時會利用自然水流推轉，枯水季時就以圍堰分流聚水，來到這裡便能明白古人是如何利用水車來引流黃河水。欣賞完水車後，可以到旁邊找千轉木，據說繞著木頭走一千圈能夠許願，當然應該沒有人會真的在這裡走一千圈，正所謂「心誠則靈」嘛！

　　繼續往前走可以看到羊皮筏體驗區，價格不是很貴，古人利用十來個充氣羊皮製成筏，在黃河中作為運輸簡單日用品及食物的工具，當然還有更大的皮筏是作為長途運輸之用。不過在水車園這邊只能看看小皮筏，稍微感受一下西北地區的特色交通。羊皮筏的特色是輕且易攜帶，吃水不深，適合在滾滾黃河上使用，乍看之下有點擔心小皮筏對上大黃河是否牢靠，實際上還滿穩的，先民的種種智慧在水車園中，令人大開眼界啊！

1~2 很有黃河風情的羊皮筏　　3 可以許願的千轉木

水車博覽園

交通：搭公交 20、25、109、116、135、140 路至「蘭州水車博覽園」站下車即達。

門票：10 人民幣

時間：08:00 ～ 18:00，夏季會開得更晚一些。

INFO

西征必備書墨：詩詞篇

在唐朝白居易〈蠻於朝〉詩中：「泛皮船兮渡繩橋，來自鄂州道路遙。」形容外族入京師，渡黃河時就要搭乘這種交通工具。黃河波濤洶湧，隨波逐流的羊皮筏或牛皮筏，是最具特色的傳統工具。可是在古代能行船的皮筏充氣不易，沒有打氣筒只能靠人力，往往要集數人力量才行。因此，在黃河上游一帶，如果有人說他能吹起牛皮袋，當地的人聽了就會嘲笑他誇口說大話，有真本事就到黃河邊去吹牛皮吧！而現今流行的口頭禪「吹牛」或「吹牛皮」，就來自這有趣的典故。

仿雷臺漢墓的武威火車站

海藏寺建於靈鈞臺上而得名

【河西四郡‧武威‧雷臺漢墓與海藏寺】

西征必備知識：歷史篇

薩迦派又稱做花教，是藏傳佛教的四大派系之一。宗教領袖被稱為薩迦法王，除了下文中提到的第四代祖師薩班大師，五祖八思巴更是不可不提的重要人物。他不但曾為元世祖忽必烈灌頂，被其奉為國師，以宣政院統一西藏，使西藏開啟了政教合一的時代。而他以吐蕃文字加以整理制定八思巴文字，用以取代標語不夠準確的舊蒙古文字，使這套文字系統盛行於元朝。

中國的作家小春，曾以八思巴為主角撰寫了一套小說《藍蓮花》，細膩描述靈狐與八思巴的愛情，以及薩迦派的發展過程，故事情節動人。是幾年前非常暢銷的小說。

武威古稱涼州，是西安往河西的第一站，西漢驃騎大將軍霍去病曾在此大破匈奴，漢武帝為了表彰軍威，取「武功軍威」之意，設武威郡。

從甘肅省會蘭州搭火車到武威站約需 3 小時多，出站後，會發現這座車站的造型頗像武威的著名景點雷臺漢墓，這座建於東漢末至魏晉初的墓葬出土了中國旅遊標誌的銅奔馬（馬踏飛燕），目前藏於甘肅省博物館，在雷臺漢墓見到的則是仿製品。如果在武威有餘裕不妨到這裡走一趟，進入雷臺公園免費，但進去參觀漢墓則需門票 45 人民幣。可從武威站搭公交至雷臺什字站前往參觀。

而另一個位在武威市城北 2 公里處的海藏寺，是不可錯過的古寺巡禮行程。寺廟建在靈鈞臺島上，像是海中藏寺因而得名。這座廟最早的歷史可以追溯到一千多年前的東晉，但大部分建築都是後代重修，門口的四柱木構牌樓寫著「海藏禪林」，質樸古意，頗具古剎之美。

1~2 海藏寺大門　3 來海藏寺一定要到後面的藥泉喝一口聖水

　　這裡過去是薩迦派第四代祖師薩班大轉法輪的聖地。來到這裡，除了心懷敬意，別忘了到靈鈞臺上的藥泉喝一口據說對身體健康有好處的泉水。這泉水大有來頭，相傳與西藏布達拉宮的龍潭相通，曾受到薩班大師加持，醫治好當地老百姓的怪病。從此只要是生病的人都會來這裡求藥泉的水，現在則是遊客到此都不忘喝上一口。

雷臺漢墓與海藏寺

交通：從武威火車站到海藏寺約 6.5 公里，可搭計程車前往；或是搭公交至「海藏公園」
　　　站下車。

門票：8 人民幣

時間：08:30 ～ 18:00

1～3 可看出古剎的古意

西征必備書墨：詩詞篇

中國作家小春對書名《藍蓮花》的詮釋：藍指的是藍迦梅朵這隻靈狐，蓮是雪域蓮花代表八思巴，佛教中聖潔的象徵；花是白蘭王恰那多吉。幼時的八思巴救了一隻藍狐，取名為藍迦梅朵，與弟弟恰那多吉從小跟藍狐一起成長。自小就愛慕八思巴的藍迦梅朵，立志修成人形，希望能與八思巴共結連理。但恰那多吉已經深深為藍迦梅朵吸引，愛上了從小每天抱在懷裡的藍狐，知道藍狐愛的是自己的哥哥八思巴，也只能忍痛割愛，終日沉盡在酒鄉中。引用倉央嘉措的情詩來表達這段情緣：「但曾相見便相知，相見何如不見時，安得與君相決絕，免教辛苦作相思。」這三人糾纏著刻骨銘心的感情，願意為了對方割捨犧牲，然而對於被成全後獨活的那個人，絕對不是一件開心的事，尤其得親眼看見深愛的人死在自己面前，這場犧牲得到的是幸福嗎？又怎知心靈的折磨，此後終將是獨自承受的百年孤寂。

門面簡樸的鳩摩羅什寺，紀念一位對中國大乘佛教有卓越貢獻的高僧

【河西四郡‧武威‧鳩摩羅什寺】

西征必備知識：歷史篇

武威舊稱涼州，是十六國時期前涼、後涼、南涼、北涼的都城，但對大家來說比較熟悉的應該是董卓這段歷史。東漢末年，身為涼州刺史的董卓起兵造反，入京挾持漢獻帝，各地群雄以袁紹為首、討伐董卓為名組成聯軍，董卓因而挾漢獻帝由洛陽逃到長安。

東漢時期一直有西羌叛服不定的問題，這些民族分布在今甘肅一帶，因為身處匈奴與西域之間，成為東漢時期的邊防問題，所以為了弭平邊患，加深了邊疆刺史的力量，而董卓身處的涼州即因此得以擁兵自重。

　　武威是一座見證 1,500 多年前中西文化交流的城市，尤其是西域高僧東傳佛教入中土的這段過程。要了解中國佛教的歷史，就不能錯過這位列為四大翻譯經之首的鳩摩羅什。他的名字為「神童」之意，他出身印度相國之家，在新疆庫車出生，從小便因為天資極高通曉多國語言，至各地研習佛法有成，享有盛名。

　　五胡十六國時期，曾短暫統一北方的前秦苻堅篤信佛教，不惜發動戰爭請鳩摩羅什從西域到中土弘法，部下呂光破龜茲之後，擄獲在當地傳教的鳩摩羅什。返回長安的過程中，苻堅因淝水之戰失敗，呂光趁機在涼州自立後涼政權。殘暴的呂光對佛教沒有興趣，有意為難高僧，強迫他破色戒。即使如此，鳩摩羅什在後涼的 17 年之間，學習漢語，韜光養晦，為日後翻譯佛經奠下良好的基礎。

　　至後秦將他奉為國師，由他所翻譯的佛經成為後來各宗派的經典依據。鳩摩羅什譯出的經典，現在人們還經常誦讀學習的有《妙法蓮華經》、《金剛經》、《摩訶般若波羅蜜經》、《佛說阿彌陀經》、《中論》、《百論》等。鳩摩羅什一生顛沛坎坷，但也因此他將佛教帶到了中土，進而對大乘佛教的宣揚產生不可磨滅的影響，是一位非常偉大的高僧兼翻譯家。描述他生平的相關作品，有中國作家小春所寫的小說《不負如來不負卿》，以鳩摩羅什為主角鋪陳一段盪氣迴腸的故事，已被相中翻拍成電視劇。

　　我總覺得參觀這些與歷史有關的建築，應該多少要知道背後的故事，也許現在到鳩摩羅什寺並沒有太突出的驚豔之處可看，建築本身經過翻修，並非

供奉舍利子的舍利塔

千年老建築，較有看頭的是供奉鳩摩羅什形滅舌不壞的舍利子塔。畢竟旅途中最美的往往是人文風景，更勝過大山大海呀！

寺內的鳩摩羅什圖書館

鳩摩羅什寺

交通：位在武威北大街，可搭計程車前往。
門票：免費
時間：全日

INFO

西征必備書墨：詩詞篇

《不負如來不負卿》這部小說曾經是晉江原創網半年榜的榜首，順理成章在 2008 年 6 月出版實體書。書名的起源就是引用六世達賴倉央嘉措流傳最廣，也最動人的一首情詩：「曾慮多情損梵行，入山又恐別傾城；世間安得雙全法，不負如來不負卿。」女主角從現代穿越到古代，與名僧鳩摩羅什相戀，核心衝突可想而知。前期是僧與俗、古與今的鴻溝，後期是女主角在穿越過程受到輻射傷害，被迫回到現代醫治。故事發展相當簡單，沒有太多誇張詭異的情節，而是以真情取勝。全書若剔除戀愛情節，可以視為鳩摩羅什的傳記。當鳩摩羅什逐漸形象化之後，變得相當吸引女性讀者，宛如置身故事裡，心跳隨著情節加速。佛經闡述雖然稍嫌過多，但仍引人入勝，停不下來了，內心洋溢著感動，就像是一位歌聲優美的詮釋者，縈繞在腦海中無法自拔。

丹霞國家地質公園大門

【河西四郡‧張掖‧丹霞國家地質公園】

西征必備知識：歷史篇▶

一路走在河西四郡的路上，腦海中想到的都是小說《大漠謠》的男主角──霍去病，這部小說被翻拍成連續劇《風中奇緣》，臺灣演員彭于晏將這位年輕又戰功赫赫的將軍，以衛無忌的角色扮演得霸氣又不失可愛，吸引很多人的目光。如果想要了解霍去病的歷史，看這部架空歷史背景、實際上取材於西漢武帝時代的連續劇，滿足將河西四郡納為中國版圖的過程想像，是一件很有趣的事呀！

十八歲就領兵上戰場的霍去病，以八百騎兵深入匈奴地帶，將匈奴打得落荒而逃，得勝後被封為驃姚校尉，之後被任命為驃騎將軍，大破河西兩次，隔斷匈奴與羌族的聯絡，溝通西域與漢朝的交通，河西四郡也就是在這個時候出現在中國的版圖裡。之後霍去病與舅父衛青共同攻打漠北，使漠南再無匈奴勢力，並保障河西的安全，此戰讓二人獲封大司馬的官職。不過可惜的是，這位將軍在二十四歲時英年早逝。留下無盡待續的故事與傳說。

　　河西四郡中的張掖，原意是取：「斷匈奴之臂，張中國之掖」，這也是當初漢朝派遣通西域的張騫，以及衛青、霍去病等名將始終視為目標的一件重要大事。來到這裡除了遙想漢朝歷史，還可以用另一種心情來欣賞中國的大山大景。

　　中國最近一直不斷開發不同的自然地貌公園。所謂「丹霞」，指的就是百萬年以上，長期經過風化與流水侵蝕形成的陡峭山峰與奇岩怪石。這種大自然的鬼斧神工，向來都吸引遊人。2008 年才開放的丹霞國家地質公園，是令人眼前一亮、讚嘆不已的美景。當我身歷其境後，也許因為陽光好，七彩著稱的丹霞在空曠山頭展現奇異光彩，令人覺得不虛此行。這裡也是唯一丹霞地貌和彩色丘陵結合的景觀複合區，即使才開發一小部分，但已相當壯麗。雖然許久以前在黃石公園見過類似的地貌，但位在祁連山的丹霞地貌，

天氣好可以拍到如彩虹般的自然奇景，真的很美

搭配歷史時空更具故事畫面，難怪有許多電影的外景都選擇到此拍攝。

目前觀光客大部分是選擇參觀甘肅南部的臨澤景區（西入口）。參觀時要搭乘園區內的電瓶車，一站一站跟著停車的時間取景拍照，四個觀景臺的距離是 8 公里左右，如果都搭乘電瓶車遊覽大概也要歷時約 2 小時。這裡簡直是拍寫真集的最佳場景，喜歡攝影的人應該會對這片景觀流連不已。如果時間許可，日出與日落是最美的時候喔！

丹霞國家地質公園

INFO

交通：
1. 地點較為偏遠，包車前往最方便，來回一趟張掖市區約 180 ～ 200 人民幣。
2. 在張掖汽車西站，搭前往臨澤的班車，至南臺子站下車，再轉搭至臨澤入口的公交。
入內參觀：由於占地廣闊，臨澤管理區內，可搭電瓶車至景區內的四個觀景臺，車費每人
　　　　　 20 人民幣。每站都會停留時間供遊客拍照。
門票：全票 60 人民幣，學生票 40 人民幣。
時間：08:00 ～ 18:00

西征必備書墨：詩詞篇

電視劇《風中奇緣》有首絕美的主題曲〈白頭吟〉，其中最有名的詩句：「願得一心人，白頭不相離。」深刻描寫出自古愛情習題中，最簡單又最難解的方程式，如何在茫茫人海中，尋得最正確又最知心的人相守一生呢？作者卓文君，相傳拋棄一切隨著司馬相如私奔，卻沒想到司馬相如得到富貴後，竟想拋棄糟糠之妻，另結新歡。文君傷心之下寫了〈白頭吟〉，這首流傳於當時的樂府民歌，刻劃出一位敢愛敢恨的女子，因為將心比明月，奈何明月照溝渠，所以決心與負心漢分手。人與人的相處貴在一份真誠，失去了「真心」，即使是夫妻也會像那溝水一般，各自往不同的方向奔流，婚姻並非只是一時衝動而已，唯有「一心」之人，才得以相守終身。

公園裡到處都是歌頌漢武帝與霍去病的歷史介紹

酒泉二字還是很有吸引力

【河西四郡‧酒泉‧酒泉公園】

西征必備知識：歷史篇

「金張掖、銀武威、玉酒泉」，來到酒泉都不會錯過欣賞酒泉夜光杯這項特產。這夜光杯最早曾經在西周時，已有西胡蠻夷向周穆王進貢。後來和闐玉製作的玉杯因為容易在運送的過程中碎裂，就改採把和闐玉運到酒泉當地再加工，進而又改用酒泉玉來製作夜光杯。

注滿液體的夜光杯仍舊呈現清透的光澤，杯身很薄透，卻能抗嚴寒、耐高溫。依據碧玉、黃玉等材質，夜光杯在燈光下的風采也不同。現在可以用平易近人的價格選購夜光杯作紀念。在古代這可是上好的貢品，也因玉杯極美，而有杯仙的傳說。1962年，香港片商曾經以杯仙的傳說，拍成一部電影《新夜光杯》呢！

漢武帝元狩二年，驃騎將軍霍去病大勝匈奴於此處，漢武帝賜御酒賞大軍，霍去病豪邁把酒倒進池中與全軍共享，此後這口酒泉成了兩千多年來此地的亮點。目前這座酒泉公園又稱泉湖公園，其實進入公園裡，從地上的字帖介紹，一直到石材布景等，無不

1~2 夏季的公園是賞荷的好去處

圍繞著漢武帝與霍去病作為公園的主題。

　　來到這座公園，通常不會錯過清代的「西漢酒泉勝跡」和「漢酒泉古郡」石碑，以及左宗棠手書「大地醍醐」匾額。其實整座公園很新穎，湖景宜人，也有當地人會來這裡寫生畫畫，如果撇開漢朝的歷史，這裡倒是一座很幽靜的市區公園。

　　到這裡，如果沒有對漢武帝伐匈奴這段歷史有基本了解，其實會覺得並無特別的看頭，但在中國旅行，很多時候景點都是靠導遊的一張嘴，把眼前平淡的一切講得活靈活現了起來。如果是自助旅行前往此處者，建議多惡補些歷史再出發才不虛此行喔！

酒泉公園
交通：搭公交 1、9 路至「西漢酒泉勝跡」站下車即達。
門票：12 人民幣
時間：07:00 ~ 23:00

閃耀在月光下的夜光杯，讓人不禁想起唐朝詩人王翰〈涼州詞〉的詩句：「**葡萄美酒夜光杯，欲飲琵琶馬上催。醉臥沙場君莫笑，古來征戰幾人回。**」大意是說，新釀成的葡萄美酒盛滿夜光杯，正想開懷暢飲，催人出發的琵琶聲在馬上響起。即使醉倒沙場上也請諸君不要見笑啊！自古男兒出征戰場又有幾人能活著歸來呢？這首名詩連幼稚園的小孩都能琅琅上口，自古以來與王昌齡〈出塞〉同為唐人七絕的壓卷之作。雖然說這首詩寫的未必是冠軍侯霍去病，但是他豪邁在戰場上叱吒風雲，與將士們共飲美酒，年紀輕輕就英年早逝，甚至連漢武帝都對他深深懷念，修墓紀念他征討匈奴的功績。戰場上豈能談論生死呢？醉臥沙場的自嘲笑聲中，隱藏著不為人知的淡淡哀愁吧！

討賴河頗具氣勢

【嘉峪關‧長城第一墩】

在明清兩朝，有多位名人到過嘉峪關，最有名的大概要屬清末的左宗棠與林則徐吧！同治年間，因為過度徵收額外的釐金賦稅、不尊重回民信仰與生活習慣等種種問題，百姓隱忍多時終於爆發，加上當時太平軍攻入陝西，立刻獲得陝、甘一帶回民響應。同治皇帝任命左宗棠為陝甘總督，最後雖然成功平定，但一場回變死傷超過 2,000 萬人，是長達十年以上的清末大型內亂。伴隨著當時仍有太平天國尚未完全平定，華北一帶的捻亂依舊如火如荼；雲南回變與新疆回變也都在差不多的時候發生，咸豐到同治的清朝，整個是內憂外患兩頭燒的時代。

　　嘉峪關是明代修建最西端的一段長城，位在嘉峪關市 4、5 公里處，依個人時間需求可以設計半日遊或一日遊。最精簡的玩法就是參觀位在討賴河畔的長城第一墩，接著前往長城博物館，最後到達嘉峪關城感受「天下第一雄關」的險要。如果時間更充裕，則可以前往懸臂長城，感受眺望古時塞外的悲壯心情。

　　到達此處，心頭很難不湧上幾句熟悉的塞外詩句，正好符合眼前滄涼的美感。不過嘉峪關始建於明朝，因此常聽到的出塞詩基本上不是在描述這裡。諸如：「勸君更進一杯酒，西出陽關無故人」、「羌笛何須怨楊柳，春風不度玉門關」、「秦時明月漢時關，萬里長征人未還」等，前者玉門關與陽關起自漢代，是古絲綢之路的要衝；而嘉峪關則是有天下第一雄關之稱，據說此處戰役眾多但都沒有被破關過。

　　現在欣賞這個要塞，建議先從明代第一墩開始，當時這裡有 39 座墩臺，擔負著此處與祁連山之間的信息往來。現在只能看到風化很嚴重的長城第一墩，即使如此還是可以

1~3 長城博物館內

從大型的墩感受當年西長城的氣勢。此墩瀕臨討賴河，從旁邊看就覺得厄險而建，十分壯闊。

　　之後驅車前往長城博物館，這是一座新穎且有與遊客互動式設計的博物館。比較特別的是有透明地板，讓人深刻感受置身在討賴河的天險之上。博物館一共兩層樓，面積不大，但收集了從秦漢到明朝時，有關長城的種種知識，是一座少見專門以長城知識為主題的博物館。離開後可以步行約200多公尺，來到關城感受裡三層、外三層的堅固城牆。據說當時工匠驗收，如果城牆能被箭射穿，代表城牆不夠厚實，就會有性命之憂。因為如此嚴格的驗收方式，所以這裡不會有偷工減料的問題，不愧是沒有打過敗仗的一關。

　　在明代出了嘉峪關就是離開中土，相當於出國。一路從異國風情的西域挺進河西四郡，感受古代商旅及軍人的心情，是體驗相關詩詞及歷史的最佳印證方式。讀萬卷書不如行萬里路，真是永遠不變的道理呀！

1~3 從未被攻破的天下第一雄關，非常有塞外詩裡的壯闊感

嘉峪關・長城第一墩

門票：嘉峪關關城門票是套票，包含長城第一墩、懸臂長城及長城博物館。這裡交通不便，由市區自行包車前往，價格不會太貴；或是參加攜程、途牛等大型當地旅遊網的行程，價格透明化，品質也較有保障。

時間：參觀關城或懸臂長城的時間以傍晚為佳，光線漂亮，有大漠雄關的美感。

西征必備書墨：詩詞篇

「不到長城非好漢！」關於長城，最有名的傳說就是孟姜女。當時由於秦始皇在全國各地徵調大批民夫修築長城，日日夜夜拚命趕工，民夫們被累死、餓死的不計其數，孟姜女的丈夫萬杞良也被發配去充當修長城的民夫。轉眼間一年過去了，得不到音訊的孟姜女決定動身尋找丈夫的下落，經過千難萬險的長途跋涉，終於找到修長城的地方，一打聽才得知，修長城死了許多人，而丈夫也早已累死，並被埋在長城下，連屍骨都找不到。這個消息如同晴天霹靂，孟姜女頓時傷心地慟哭起來，淚如泉，聲如雷，哭得驚天動地，天昏地暗，眼看長城一段段倒塌，哭到哪裡塌到哪裡，足有八百里長，終於見到丈夫的屍首。「問世間情為何物？直教人生死相許。」或許孟姜女哭倒長城的故事並不可信，但自古以來感動人心的，往往都不是偉大事蹟，而是真情流露啊！

充滿佛教藝術的莫高窟

進入這個大門後就不能拍照了

【河西四郡‧敦煌‧莫高窟】

佛教約在西元前 6 世紀於印度創立，根據《金剛仙記》裡記述：「在佛陀出世的時候，有三種祥瑞之相。一、空行（即足不落地）；二、七寶蓮花承接足底；三、行走時足底離地四指，足底千輻輪相，映照地上。」因此佛教最開始是沒有人像的形象，而是由蓮花、腳印、法輪等作為代表。一直到西元前 4 世紀亞歷山大大帝東征至印度河流域，間接開啓了東西文化交流，古典希臘的藝術東傳至今日阿富汗及巴基斯坦一帶，也開啓了佛教藝術另一篇章。

約莫西元 1～3 世紀的印度貴霜王朝（今中亞至恆河一帶），最有名的就是融合東西特色的「犍陀羅文化」，即是把希臘人像中高挺鼻樑的五官，以及皺褶服裝特色運用在佛教人像上，這樣的佛像藝術此後一直隨著佛教東傳的路徑而有所改變。至於在敦煌莫高窟裡可見大量的印度人像及飛天形象的壁畫，即知漢朝以後，許多西域高僧經由絲路，一路弘法東傳至中國的歷史足跡已融合在藝術表現裡了。

　　「敦，大也。煌，盛也。」從離開新疆起就開始想像敦煌的異域情調，該是怎麼樣的一片黃沙搭配著夢駝鈴，承載了絲路商旅的步伐，一步又一步的東行至長安。除了鳴沙山與月牙泉滿足了對大漠的想像，敦煌莫高窟更是欣賞中國佛教藝術不可錯過的朝聖地點之一。

　　莫高窟又名「千佛洞」，是中國的四大石窟之一（另外三座為：山西大同雲崗石窟、河南洛陽龍門石窟、甘肅天水麥積山石窟）。建於十六國時期的前秦，現有洞窟 735 個、壁畫 4.5 萬平方公尺、泥質彩塑 2,415 尊，不管是規模或內容，都堪稱世界一絕的佛教藝術地。因此在 1987 年就被聯合國列為世界遺產。將敦煌的各項歷史、藝術、建築等融合

1~2 敦煌飛天是著名的藝術，不能在洞穴內拍真跡，就在外面與飛天像拍照吧！

成一門「敦煌學」，也是 20 世紀以來吸引不少學者前來研究的學問，而敦煌飛天舞則在舞蹈上自成一格、地位獨特。

敦煌市區其實不大，不管是從敦煌火車站或敦煌市區的旅館，很容易都能搭上前往莫高窟參觀的公交或中型巴士，當然也可以搭出租車，車程約 40 分鐘左右。因為這裡是世界知名的景點，所以在交通上算是容易到達的地方。目前莫高窟已經沒有現場售票，為了要管制遊客人數，在 2014 年全部改採線上預約售票，再到指定的地方領票參觀，旺季（5 月 1 日至 10 月 31 日）成人票價是 160 人民幣，淡季則是半價，導覽費為另外再加 20 人民幣。

參觀莫高窟最好的時間是在中午以前，一來在外圍拍照的光線較好，二來在旺季參觀時才不會太熱，當然人潮大多數會在中午之後出現，因此想要有清靜一點的環境，好好聽導覽員講解每一個洞窟的精采歷史及欣賞藝術，最好是預約早上的時段。

通常導覽員會依個人想講解的洞窟，按照時間的規劃帶領遊客參觀 6 ～ 8 個洞窟不

等，時間大約 1.5 ～ 2 小時之間。每位導覽員會帶進去看的洞窟不盡相同，如果想看更多洞窟的人可以在第一輪導覽完畢後，再等第二輪不同導覽員的解說。不過不管哪一位導覽員，一定會帶進去參觀的就是藏經洞與臥佛，至於其他洞窟則會挑選魏晉南北朝到宋元時期，可代表每個時期經典藝術特色的洞窟讓遊客欣賞。

　　我在 7 月份前往參觀時，因為時間的關係，常常需要在洞外等待前一批遊客出來後，才能進去，所以只能聽到導覽員講解 6 個洞窟。雖然數量不多，但因為挑選的洞窟都非常具代表性，例如：代表初唐時期的 328 窟，窟內的彩塑像均為唐代的原作，在莫高窟裡大多數都已經重塑或重繪彩塑像中，具有極高的歷史及欣賞價值，也可以從中了解隋唐時期因為國力鼎盛，也是莫高窟發展的高峰期。

　　在我參觀的六個洞窟中，經由壁畫的風格，可以一覽魏晉南北朝到隋唐，每個朝代不同的特色及元素。其中藻井藝術及飛天圖騰像更是在欣賞每個洞窟時，都會不由自主想要去特別注意的亮點。

　　景區內的導覽員口才應該都不錯，可以把不同的窟講解得非常精采。當然我們只是匆匆一瞥這千年以上的藝術寶窟，無法像上個世紀的大師張大千一樣，有機會在莫高窟近距離研究與臨摹。如果想要對莫高窟了解更多，可以在紀念品店，挑選自己喜歡主題

參觀完畢後，可以到紀念品店選購與敦煌藝術相關的書冊

的敦煌圖冊，雖然價格不便宜，但可以把幾十年來的研究成果一次看個清楚，我個人認為是值得投資的紀念品，也不枉走了一趟敦煌莫高窟啊！

　　2004年中國曾經拍攝過一部電視劇《大敦煌》，將敦煌的歷史分為宋、清末、民國三個部分。提到敦煌的故事就不能錯過這位關鍵人物——王圓籙。他是發現敦煌藏經洞，將這段輝煌佛教藝術呈現於世人面前的推手，可卻也是讓大量國寶落入外國人之手的推手，孰是孰非，留給後人評價，但敦煌藝術價值卻是無庸置疑的世界寶庫。

莫高窟

參觀小知識：

1. 只要驗票進入小牌坊口後，就不能拍照，不管是洞內或洞外。相機及攝影器材、超過30公分的大包包等物品，要放在寄存室（免費）。
2. 記得帶水適時補充水分。
3. 每個洞窟的鑰匙在導覽員手上，講解完一個洞窟就會立刻清場鎖門。

INFO

西征必備書墨：詩詞篇

唐代詩人杜牧有一首著名的〈江南春〉：「千里鶯啼綠映紅，水村山郭酒旗風。南朝四百八十寺，多少樓臺煙雨中。」後兩句道盡佛教在魏晉南北朝時東傳至中國，鮮明的對比形象。

大約在2世紀末佛教開始傳入中國，至魏晉南北朝約四百多年的亂世，是佛教在中土大興的時代。許多來自西域的高僧致力翻譯佛經與講經弘法，當時北朝的臣民重實際，於是建造許多石窟；南朝也有「南朝四百八十寺，多少樓臺煙雨中」的盛景。因此，這些佛教藝術的精華，是參觀敦煌必不可少的重點。

1~2 月牙泉是最能代表絲路的景色之一

【河西四郡·敦煌·鳴沙山與月牙泉】

匈奴是第一個於北方建立草原帝國的民族，從戰國時代開始，一直是中原各國的心頭大患，提到這支民族就不得不提到建立帝國的首領——冒頓單于。他曾經被父親立為太子，但後來因為父親寵愛別的妾而改立太子，派冒頓到大月氏當人質，後來險喪命，憑著一身勇氣突圍回到匈奴部落，讓父親另眼相看便賜給他一萬騎兵。為了訓練騎兵成為敢死部隊，冒頓規定只要自己的響劍射向哪裡，其他人沒有跟著射中目標的就處死。這個過程包括射殺鳥獸、座騎、愛妾、名駒等，士兵們從不敢射殺被處死，到後來才成為對冒頓唯命是從的死忠部隊。最後冒頓的箭射向了當初廢掉他派去大月氏的父親頭曼單于，死忠部隊也全都射向單于，冒頓殺死父親取而代之，自立為單于，一手建立他的江山霸業。

　　「F.I.R. 飛兒樂團」在 2007 年曾經出版過一張「愛·歌姬」的專輯，裡面有一首當時的主打歌〈月牙灣〉，在 MV 及歌詞中盡顯這幅敦煌的經典風光。鳴沙山在敦煌屹立約三千年，日出日落的風將這片面積約 200 平方公里的沙捲起又吹落。數千年來始終保持著這樣的模樣，站在鳴沙山的入口，想著自己與昔日的古人看著同一片風景，是在絲路旅行中印象最深刻的一件事。

　　關於鳴沙山的傳說最為人熟知的是名稱由來。相傳這裡原是一塊水草豐美的綠洲，漢代一位將軍率領大軍西征，夜間遭偷襲，正當兩軍廝殺之際，大風突起，漫天黃沙將兩軍人馬全部埋入沙中，於是這裡就有了「鳴沙山」之稱。據說鳴沙山的沙鳴聲，就來自他們的廝殺聲。

　　此外，更具神話性的月牙泉傳說，則與雷音寺有關。有一年，寺裡舉行一年一度的浴佛節，當佛事活動進行到「灑聖水」時，住持方丈端出一碗雷音寺祖傳聖水，放在寺

1~4 千年不變的鳴沙山，滿足對古絲路的想像

廟門前。忽然聽見一位外道術士大聲挑戰，要與住持方丈鬥法比高低。剎那間，狂風大作，把雷音寺埋在沙底。奇怪的是，寺廟門前那碗聖水卻依然在原地不動如山。術士不論使出多少法術但碗內始終不進一顆沙粒，直至碗周圍形成一座沙山。忽地聖水半邊傾斜變化為一彎清泉，形成了月牙泉。

月牙泉千年不乾涸的場景，為人津津樂道，科學一點的說法是隨著沙丘移動，形成單獨的水道，再加上此處地勢較低，地下水不斷向泉中補充。不過這樣的美景在上個世紀末，因為附近大量開墾荒地，導致水位下降，面積減少，已不復見清代記載中可行船於上的盛景。本世紀以來，當地政府重視這片自然古蹟，經過整治讓水位回升，目前一直保持一定的高度。雖然在月牙泉旁想著這些神話與環保的話題，但令我印象最深的還是，這一彎清泉為何始終都能如此清冽與湛藍。

在 2014 年的電視劇《風中奇緣》中，飾演狼女的劉詩詩出現的第一幕背景便是這座月牙泉，在這裡巧遇後來與她生命交織愛戀悲傷的九爺與衛無忌，想必許多戲迷應該對

1 月牙泉裡的月牙閣　2~3 騎駱駝上鳴沙山是這裡最棒的體驗　4 看著沙漠中的駱駝倒影，想像千年前的絲路商旅，非常有感

這一幕印象深刻吧！

　　目前鳴沙山與月牙泉的景區門票是合在一起的，成人票價是 120 人民幣，從敦煌市區搭公交 3 路可直達，建議遊覽時間為 2 小時，可自費選擇騎駱駝或玩滑沙，然後在山上看日落，是很棒的大漠體驗。

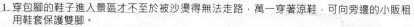

鳴沙山與月牙泉

參觀小知識：

1. 穿包腳的鞋子進入景區才不至於被沙燙得無法走路，萬一穿著涼鞋，可向旁邊的小販租用鞋套保護雙腳。
2. 參觀時間以清晨及傍晚為佳，陽光大好時，騎在駱駝上可以拍出人影在沙漠中拉得長長的大漠身影。

西征必備書墨：詩詞篇

　　王維所作的〈渭城曲〉，是唐朝送別詩中感情最為深刻的一首：「渭城朝雨浥輕塵，客舍青青柳色新。勸君更盡一杯酒，西出陽關無故人。」詩中流露出依依不捨的心情，透過如細雨般的絲絲淚珠，情景交融下引人無限的哀愁。柳和「留」發音相近，所以古人折柳送別，正是希望離人能夠長留不走，就算不能留住人，也希望能留住心啊！想挽留的心情，礙於現實無奈，只好用手中酒杯來表達祝福，離開敦煌南邊的陽關，彷彿出了國外，知心好友要再見面，就難如登天啊！

　　現今網際網路發達的時代，有電子郵件、視訊、電話可以隨時聯絡，即使分開多年仍可以上微博、臉書、推特搜尋好友蹤跡。但是一千多年前的唐朝，分開也許就再也沒有見面的機會了，生離往往就是死別，如何不讓人感傷呢？

蘇公塔裡是清真寺

穆斯林可在此禱告

掀起你的
蓋頭來：新疆段。

【吐魯番·蘇公塔】

乾隆皇帝主政期可說是清朝極盛的時代，據說當時世界有三分之一的白銀都在他手上，但自然定律是盛極而衰，他本人自詡的十全武功，就是讓清朝國庫數字下滑的關鍵之一。按照乾隆自己的說法：「十功者，平準噶爾二，定回部一，打金川為二，靖臺灣為一，降緬甸、安南各一，即今之受廓爾喀降，合為十。」這是乾隆本人引以自豪的功績，他後來更自稱「十全老人」，並刻了章，在許多書畫中，都還可以看到十全老人欣賞過後的落款。

其中平定大小和卓一戰之後，清朝設伊犁將軍管理新疆各部，維持了新疆約六十多年的和平。而眾所周知的香妃（史上稱容妃），也是平定了回部才成為乾隆的寵妃。

蘇公塔位於吐魯番市東郊 2 公里處，是目前新疆境內現存最大的古塔，建成於 1778 年，它是清朝名將吐魯番回王額敏和卓的次子蘇來曼，為紀念其父的功績，表達對清朝的忠誠，自費建造而成。

額敏和卓是維吾爾族人，因為平定大小和卓有功，被封為吐魯番回部札薩克多羅郡王，俗稱吐魯番回王，為清代吐魯番地區的維族世襲貴族爵位。所以是乾隆皇帝最倚重的維族大臣，曾至北京朝覲後居住五年，回鄉病故後，其爵位由子繼承，一直世襲到民

額敏和卓像

初為止。

　　在這個回民信仰為主流的地方，蘇公塔同時也是可以容納上千人做禮拜之處，每年遇到伊斯蘭教的大節日，如：開齋節、宰牲節等，到此禱告禮拜的穆斯林絡繹不絕。

蘇公塔

交通：蘇公塔距吐魯番市區約 50 公里，可從市區搭公交 1 路至「大寨路」站下車，再步行
　　　約 20 分鐘即達；或是搭乘前往恰特卡勒鄉的班車，在「蘇公塔岔路口」下車，向東
　　　步行約 5 分鐘即達。若搭計程車大約 80 人民幣。也可以參加烏魯木齊或吐魯番當地
　　　旅行社，或是上途牛、攜程等網站訂購一日遊行程。
門票：20 人民幣
時間：旺季 (4 月 21 日至 10 月 20 日) 08:00 ～ 21:00，淡季 (10 月 21 日至隔年 4 月 20 日)
　　　10:00 ～ 18:30。

西征必備書墨：詩詞篇

提到香妃，傳說她玉容未見，芳香襲人，不是花香，也並非粉香，而是一種奇芳異馥，沁人心脾。自西域入宮後，無法回到自己的故鄉，不管獲得乾隆多少寵愛，可以穿著本族的回服，有專門的御膳烹調回族的佳餚，響著回族的音樂，跳著回族的舞蹈，但在這幽靜冷清的寶月樓中，依然無法燃燒她的熱情，她的眼光永遠眺望著漫天風沙的故鄉。「一縷香魂無斷絕！是耶非耶？化為蝴蝶。」香妃在無盡的憂鬱中溘然長逝，她沒有為乾隆生下一男半女，僅留下了無盡的思念。

電視劇《還珠格格》中的含香、武俠小說《書劍恩仇錄》中的香香公主，甚至是史籍中乾隆寵愛的容妃。離開故鄉的她，生活是寂寞的，像失根的蘭花無所依靠，精神上無所憑藉，因此能夠生活在自己的故鄉，每一寸土地都顯得彌足珍貴啊！

1~2 很熱的火焰山，戶外活動都有標示價目，喜歡便付費參加

【吐魯番・火焰山景區】

西征必備知識：歷史篇

明代雖然政治上不如漢唐興盛，但經濟文化上卻相當璀璨，明代小說是其中的翹楚。明初時的《三國演義》及《水滸傳》並未引起太大迴響，直到明中晚期後，大眾化的小說、戲曲等文學形式逐漸取代以士大夫為主的詩詞文學。明晚期的話本小說相當流行，著名的有：馮夢龍的《喻世明言》與凌濛初的《初刻拍案驚奇》。而被馮夢龍稱為「四大奇書」的長篇章回小說，有著濃厚的市井風格、情節鋪陳與人物性格，更涵蓋三教九流，符合經濟發達的城市文化。

註：四大奇書《三國演義》、《水滸傳》、《西遊記》、《金瓶梅》。

　　明代吳承恩的神怪小說《西遊記》是陪伴很多人長大的讀物，不少人小時候都愛看《西遊記》裡的故事——吃了唐僧的肉可以長生不老，法力增加；孫悟空的七十二變，以及緊箍咒會讓他頭痛欲裂，什麼事都做不了；豬八戒的憨與沙悟淨的吃苦耐勞。此外，還有小說裡出現的每一個奇妙人物——鐵扇公主與牛魔王、蜘蛛精與白骨精……這些都令人耳熟能詳，而且不斷被翻拍成電視、電影。我喜歡《西遊記》裡的想像，也喜歡有別於中土的人文景致，對我而言能夠走一趟絲路，就像是入門版的西行世界。那段從中國到中亞，再到西亞的路線，是許多人覺得陌生的世界，卻有著無比吸引力。

　　適合旅遊絲路的季節是夏天，即使早有心理準備火焰山會非常熱，但實際到那裡還真的是好熱好熱，熱到連空氣都在看不見的眼前凝結成另一個世界。我很佩服在此處牽著駱駝討生活的人們，環境造就人的性格與特質，每個地方都能夠養育一方兒女。只是仍舊感嘆許多觀光客不懂得尊重每一個小地方，頂著大熱天與駱駝或驢車在等待的，一定就是以此為生討口飯吃。怎麼會有許多人想湊到正前方去拍照而不給小費，還認為是

1~2 在這裡與《西遊記》裡的角色們合照，應該是最能在高溫下引發動力去做的事

當地人在騙錢呢？

　　一般到達景區，會先到地下的展覽館去吹冷氣，跟地上的溫度比起來，地下展廊簡直是天堂。除了有相關紀念品，還介紹過去曾在這裡叱吒一時的高昌古國歷史。另外更有專門的紀念戳章可以幫遊客蓋在明信片上面，然後郵寄回臺灣，如此一來就又收集到另一款的新疆紀念明信片了。往上到達地面前，有個戶外溫度計，顯示現在幾度，然而卻熱得無法看見具體是幾度，之後就要勇敢走上地面去體會一下置身全中國最熱的地方是什麼感受。

　　火燄山放眼望去就是有著奇異色彩、寸草不生的山與地，還有那個記憶中地理課本教過的海拔零米線，搭配著幾座《西遊記》裡的人物雕像，忍著高溫跟雕像合拍到此一遊照，也就是此處最激昂的玩法了，至少超過攝氏 45 度的高溫真是無法行動自如啊！

1~2 博物館內有冷氣，也有專蓋紀念章的服務人員，可以在此買郵票寄明信片　3 這裡是海拔零米線的開始

火燄山景區

交通：從吐魯番汽車站可到達景區，車程約半小時。也可以參加烏魯木齊或吐魯番當地旅
　　　行社，或是上途牛、攜程等網站訂購一日遊行程。
門票：旺季 40 人民幣
時間：旺季（4 月 21 日至 10 月 20 日）08：00 ～ 17：00

INFO

西征必備書墨：詩詞篇

中國四大小說《西遊記》、《三國演義》、《水滸傳》、《金瓶梅》中，《西遊記》
是唯一一部志怪神魔小說。在《西遊記》第五十九回〈唐三藏路阻火焰山，孫行者
三調芭蕉扇〉中，西天取經的唐三藏，在這裡可是吃足了苦頭。牛魔王是火燄山主
人，他的妻子鐵扇公主有個神奇的寶貝「芭蕉扇」，牛魔王夫婦覬覦唐僧肉的千年
修行，然而要過火燄山，必須有芭蕉扇搧滅山上八百里火焰方才能通過，雖然孫悟
空有觔斗雲這項神器，但是仍舊敵不過火烤的命運。所謂「道高一尺，魔高一丈」，
就是語出《西遊記》最有名的句子，原義是宗教家告誡修行的人要警惕外界誘惑，
後來比喻取得一定成就往往將面臨更大困難。《西遊記》以無比浪漫的手法，刻劃
出一個想像力豐富的世界，更在中國小說史上，開創了傳奇獨特的藝術形象。

1~2 與維吾爾女子共舞是快樂又過癮的一件事

【吐魯番‧葡萄溝與維族歌舞】

西
征
必
備
知
識
：
歷
史
篇

來到新疆都會提到「阿凡提」，這個對我們來說很陌生的人名，是西亞到中亞一帶家喻戶曉的人物。據說阿凡提的原名叫納斯爾丁（Nesiridin），曾於 11～14 世紀活躍在土耳其及波斯一帶。因為他的口才極佳，並充滿智慧，常為百姓排憂解難，所以人們常用智者的頭銜稱呼他。過去中國曾有一部動畫電影《阿凡提的故事》，將阿凡提倒騎小毛驢的幽默形象，透過十幾個小故事深植人心。因此在新疆常可以看到阿凡提的相關紀念場所及塑像，很多當地的紀念品圖案，也會用 Q 版的阿凡提當題材。而阿凡提流傳的智慧小故事，是中亞到西亞世界共同的精神食糧。

俗話說：「吐魯番的葡萄，哈密的瓜。」夏季正是品嘗這些甜度一流的水果季節。位在火燄山西端的葡萄溝，全長約 8 公里，火燄山氣候炎熱，但走在綠意盎然的葡萄架下，彷彿有層天然的綠羅紗為人們遮陽，可以感受此處的清涼，這種對比十分有意思。在葡萄架下不管是賣東西的小攤，還是維吾爾族隨意用的杯盤器具，都自有一番西域風情。

馬奶子葡萄算是大家都知道的有名品種，但其實當地最好吃的品種是無核白，其他像是女人香、香妃紅等都是葡萄的名稱。豐碩飽滿地掛在葡萄架下，不用踮腳就可以聞到果子的香甜。來到這裡除了品嘗水果，維吾爾族的民宅裡會堆滿各式各樣葡萄乾或紅棗任君試吃。試吃過很難不買，雖然這裡的價格比外面貴一些，但有時買東西就是買個氛圍和心情，維族人的熱情及想分享自家甜美果實的心情，加上會走路就會跳舞的維族男女，隨意便能跳上一曲舞蹈，一邊看、一邊品嘗沒有特殊加工的果乾，味道甜美，購買力自然大增。

1~2 維吾爾家的男主人熱情介紹大風扇及招呼客人　3~4 曬葡萄乾的蔭房在吐魯番到處可見

　　到吐魯番，四處都可以看到曬果子的蔭房，泥房外觀有著整齊格紋，得以大量採入陽光。日照充足又氣候乾燥的吐魯番，是晾曬水果製成果乾最理想之處。

葡萄溝與維族歌舞

交通：從市內高昌廣場搭 4 路中巴直達葡萄溝；或是搭公交 3、102 路到達景區。也可以參加烏魯木齊或吐魯番當地旅行社，或是上途牛、攜程等網站訂購一日遊行程。

門票：60 人民幣

時間：旺季（4 月 21 日至 10 月 20 日）08:00 ～ 21:00，淡季（10 月 21 日至隔年 4 月 20 日）10:00 ～ 18:30。

1~2 這些可供觀光客拜訪的民家都經過評選　3 維吾爾女孩小小年紀就很會擺姿勢拍照　4 阿凡提是伊斯蘭世界裡有名的人物
5 阿凡提 Q 版塑像

1 葡萄溝裡豐碩甜美的果實　2 隨意看見的茶壺都相當美麗有情調

西征必備書墨：詩詞篇

維吾爾族非常擅長跳舞，金庸武俠小說《書劍恩仇錄》裡的香香公主，就是舞姿曼妙的少女。唐代在歷史上更是出了名的熱情奔放，因此電視劇《武媚娘傳奇》中提到，當時適逢先皇后長孫皇后忌日，宮廷裡正在排《蘭陵王》之舞，如意以絕妙的舞姿豔壓群芳，並與大唐皇帝唐太宗李世民邂逅於承慶殿上，太宗深深為之動心，賜名媚娘。所謂「山外青山樓外樓，西湖歌舞幾時休」，太宗迷戀媚娘，很快地朝中大臣官員們一致認定武媚娘是禍害唐朝的妖星，為了堵住官員們的嘴，李世民只得忍痛不再跟武媚娘相見。但是從一場舞蹈開展的故事怎能輕易收場呢？融入權力、愛情、政治鬥爭等爾虞我詐元素，展現了一位中國歷史上最傳奇的風雲人物，伴隨著大唐帝國的盛世畫卷緩緩攤開。

來到吐魯番，一定要參觀坎兒井博物館　　　　　　　　　　在坎兒井博物館可以買郵票寄明信片，會有特別的郵戳

【吐魯番·坎兒井民俗園】

發生在清同治三年到光緒二年的新疆回變（又稱阿古柏回變），一共花了十四年的時間，由左宗棠平定。在差不多的時期，同時有好幾場回變發生。而這場新疆回變的起因是在今日哈薩克南部，有個由烏茲別克人所建立的政權。當時的浩罕王道部將阿古柏東來，建立回教汗國，並與英、俄兩國結交獲取支持。雖然清末的勢力已不如過往，但面對境內有第二個由外國承認的政權，基於「天朝」概念還是要敉平，便派了剛平定陝甘回變的左宗棠繼續率師西征。

後來這位名臣不負眾望，勘定新疆，將失陷十餘年的新疆重入版圖。之後於光緒十年（1884）正式設立新疆省，並以劉錦棠為首任巡撫。

　　中國古代三大工程，一是萬里長城，二是京杭大運河，三就是到吐魯番不可錯過的坎兒井。在這個著名的火洲，要如何保持水源不枯竭，是頭等重要的工作。來參觀坎兒井，就一定要了解兩千多年前古人的蓄水智慧。

　　據說坎兒井的來源有好幾種，有從伊朗傳過來的；也有吐魯番當地居民對抗自然環境，衍生出地下造暗渠的集水方式。在年降雨量20毫米的吐魯番得以汲水灌溉，稱得上是世界奇蹟之一。歷史上於西漢時代就已經開造坎兒井，而清末兩位重要的大臣也對坎兒井有很大貢獻，一是清道光年間燒鴉片後被貶官到新疆的林則徐，二是清光緒年間平新疆阿古柏回變的左宗棠。大部分坎兒井是於清代大量修建，全盛時期有一千多條，全長約5,000公里。

　　至於坎兒井的蓄水概念，簡單來說就是利用吐魯番地形的坡度，把春夏從博格達山及喀拉烏成山流下的大量雪水引進豎井，再經由暗渠引至地面灌溉。而龍口就是暗渠、

1~2 坎兒井暗渠

明渠與豎井口的交界處，因此坎兒井基本上包含：豎井、暗渠、地面水道、小型蓄水池幾個部分，又有地下運河之稱。在年降雨量少於 25 毫米以下的乾燥之地，坎兒井保障了水源不虞匱乏。

目前要欣賞坎兒井，可以至坎兒井民俗園，這座由中日合資的複合式景點，包含博物館、坎兒井、民俗街、維民家、葡萄園等處，可以將吐魯番最具特色的風情一次盡覽。坎兒井民俗園裡有專屬的郵政小鋪，可以在此向維族美女買郵票，就能獲得珍貴的坎兒井郵戳寄回臺灣。不過大概因為這裡比較內陸，所以郵資比其他中國城市要貴一些。

1~2 龍口是暗渠、明渠與豎井口的交界處

坎兒井民俗園

INFO

交通：從市內搭公交 1 路至「亞爾鄉政府」站下車，步行約 500 公尺即達；或是搭旅遊專車 1、
　　　101、102 路前往。也可以參加烏魯木齊或吐魯番當地旅行社，或是上途牛、攜程等網
　　　站訂購一日遊行程。

門票：40 人民幣

時間：旺季（4 月 21 日至 10 月 20 日）08:00 ～ 21:00，淡季（10 月 21 日至隔年 4 月 20 日）
　　　10:00 ～ 18:30。

西征必備書墨：詩詞篇

提到井，就會想到一句很有名的成語「井水不犯河水」，最早的出處是清代曹雪芹
《紅樓夢》第六十九回：「我和他『井水不犯河水』，怎麼就沖了他？」原來心狠
手辣的王熙鳳，因對丈夫賈璉迎進門的二房尤二姐心生妒意，但又不能明著發作，
所以想出一招借刀殺人之計，讓秋桐當這把被指使的刀，引發流言蜚語。尤二姐多
愁善感、溫柔美麗，雖然從前素行不檢，但嫁賈璉後便癡心不二。王熙鳳於外利用
尤二姐已退婚的丈夫張華毀謗名聲；於內表面上疼愛有加，私下卻利用秋桐借刀殺
人。尤二姐飽受三餐不繼、欺凌辱罵之苦，生活在如此艱難的環境下，又因不知何
處請來的庸醫將她肚內快成型的胎兒活活打下，終於承受不了極大的精神壓力，選
擇吞金自殺身亡。

高昌古城中保存最完整的一處，據說以前是玄奘的講經堂　　繞著講堂外走三圈可祈求風調雨順

【吐魯番·高昌古城】

西征必備知識：歷史篇

唐太宗有所謂的凌煙閣二十四功臣，侯君集是其中一位。他出身關隴貴族，從隋末便一路跟隨李世民歷經各大小戰役，經玄武門之變後李世民登上帝位，封侯君集為食邑千戶的潞國公，地位遠高於名聲更響亮的李靖，仕途平步青雲，但也造就他狂傲的個性。據說他生活豪奢，家中養了好幾名乳娘，為的就是提供他每天有新鮮的人奶可喝。

電視劇《武媚娘傳奇》裡，有一段劇情是侯君集征服高昌國立下大功，但因將高昌國的寶物納為己有，遭到彈劾，雖然唐太宗並未嚴懲，卻種下心結。後來侯君集與太子承乾密謀造反，唐太宗忍痛殺了這位一代大將，但感念他過去一路相隨的歲月，即使犯下諸九族大罪，最後還是留下他的子嗣流放邊疆。這位顯赫一時大將軍的下場，令人不勝唏噓！

　　高昌古城建於西元前 1 世紀的漢代，位在吐魯番東 45 公里處、火焰山南麓木頭溝河三角洲，是新疆最大的古城遺址。因為鄰近火焰山，旺季到這裡來參觀相當炎熱，姑且不論這古時的西域富國是何等風光，如今親臨此處，也只能在彷彿凝結於攝氏 50 度的氛圍裡，透著浮光掠影般的空氣，遙想兩千年前的高昌古城。

　　根據《唐書》記載，漢代的「西域三十六國」是指當時對西域內屬諸國及其他部落的總稱，而高昌國就是僅次於龜茲國的第二大國，與其說「國」不如說是「城」更為貼切。高昌城形狀為長方形，周長 5.4 公里，分外城、內城、宮城三部分，以夯土築成，13 世紀時因蒙古西征而被併入察合臺汗國，後來在戰亂中廢棄，大部分建築物消失無存，目前保留較好的是兩處寺院遺址。

　　漢代時，這裡已然是通往西域的必經之地，也是連接中國與中亞至歐洲的重要樞紐。

以前可乘驢車逛古城，但現在已經沒有了

維族老翁彈奏樂曲，將音符凝結在千年古城的空氣之中

魏晉南北朝時期，佛教東傳中土大盛，在傳播過程中西域高僧扮演著重要角色，因此高昌古城同樣也是弘揚佛法的重地。在一片黃沙塵土掩蓋下的古城，在過去還聽得到驢車的噠噠聲，不過現在為了要申請世界文化遺產，已不復見驢車的蹤跡，由電瓶車及步道取代。

　　據說玄奘至印度取經時曾路過高昌國，被篤信佛教的高昌王挽留奉為國師，但玄奘執意完成至西天取經的心願，便在高昌國待了約一個月講經弘法。臨走前，高昌王相當捨不得，贈送馬匹及糧食，並為玄奘寫了二十多封通行至西域諸國所需用到的通關文書。如今來到高昌古城參觀，這座當年玄奘講經堂的遺址是最大亮點。據說繞著講堂走三圈，可以祈求心願，我滿懷敬意繞走三圈，腦海中只想到「國泰民安，風調雨順」這兩句老話，似乎感覺距離千年前的榮景更近一步。

　　當地的百姓展現了超高的生存力，在幾乎是寸草不生的一片荒漠上，偶然經過古城下的一角，見到維吾爾族老翁彈奏著簡單的樂曲，不禁令人發思古之幽情。這樣一座古城，在我心中漾開了百轉千迴的思緒及漣漪。

高昌古城

交通：從吐魯番客運站搭開往
鄯善的巴士，1小時約
2班車，可在「火焰山
客運站」下車。火焰山
客運站距離高昌古城約
7公里，下車後轉搭計
程車前往即可。也可參
加吐魯番當地的一日遊
行程，較為便利。

INFO

驢車在古城裡行走現已不復見此景象

西征必備書墨：詩詞篇

你知道嗎？武俠大師金庸曾經為這座高昌古城描寫一篇短篇作品《白馬嘯西風》，人生不如意事十之八九，但「愛而不得其所愛」這種單相思的死胡同，恐怕永遠是無解的悲傷。一位漢族少女李文秀和一名哈薩克少年蘇普從小青梅竹馬，但因為異族觀念的鴻溝，阻礙了他們的交往，長大後，蘇普愛上同族的女孩阿曼。但李文秀卻未因此忘情，心事渺茫，相思苦戀。高昌迷宮中所發生的事是全書高潮。多年後，仇家瓦爾拉齊擄走了阿曼，再度進入高昌迷宮，蘇普為了阿曼，李文秀為了蘇普，先後闖進了傳說有鬼魂出沒的迷宮。

金庸在《白馬嘯西風》中引用了這首詩：「世事浮雲何足問，不如高臥且加餐。」表達無常的人情、變化的世事，對於李文秀來說，何嘗不也是另一種痛苦的選擇？

1~2 天池景區大廳

【烏魯木齊‧天池】

　　在中國有兩處有名的天池，一個位在吉林長白山，常年在雲霧之中，要得見天池真面目需有極好的運氣；另一處位於新疆維吾爾自治區阜康縣境內，是以高山湖泊為主的自然風景區。後者這座天池可就親民多了，掀開了神祕面紗等著遊客來探訪。天山山脈將新疆分為兩區：北部是準噶爾盆地、南部是塔里木盆地。其中位於烏魯木齊以東的博格達峰海拔 5,445 公尺，終年積雪，山腰上的天池，自古以來就是世人眼中的仙境。一入園之後，遠眺山頭 4,000 公尺以上的高峰，終年白雪不化，湖景與山景就像一幅畫般，加上氣候清爽宜人，十足的度假勝地。

　　神話中，西王母娘娘宴群仙的蟠桃盛會便是在此舉辦，是故天池又稱「瑤池」，而在天池的東岸有西天王母廟，最初建於元朝，但目前看到的是 1999 年在原廟址上重建的建築，裡面供奉著王母娘娘，所以也稱「娘娘廟」。有不少信徒不遠千里而來沿著棧道，

1~2 王母娘娘廟

大約步行 1 個多小時前往娘娘廟參拜。

　　欣賞天池最理想的時節是夏季，不過冬季時（11 月至隔年 3 月）會舉辦「天山天池冰雪風情節」，喜歡滑雪或冰上活動的遊客可以嘗試看看。一般來說遊覽天池景區都是當天往返，在烏魯木齊市區的人民公園有一日遊的旅行團。不過旅行團難免會額外增加購物等其他加價的行程，如果有當地的手機號碼，倒是可以上攜程或途牛網選擇標榜無購物的行程，會比較有保障。景區內的食物價格偏高，建議自備點心前往。

　　除了參觀天池與娘娘廟，進景區時會看到一塊刻有「祝君長壽 願君再來」的石碑，是大家會拍下到此一遊的地點，因為來到天池，就不得不提及王母娘娘與西周穆王的一段愛情故事。石碑上這句話背後的故事為：周穆王驅八駿之乘行九萬里，以極快的速度來到天池與王母娘娘相會，但到了要分開的時候，周穆王承諾會再回來見王母娘娘，可是王母娘娘日復一日的等待，周穆王都沒有再回來。雖然是千篇一律的愛情故事，但搭配古代遠在西域的美景，並非中原人士熟知的世界，為故事增平添更多想像。

　　在景區步行不時會看到一旁設有維吾爾服飾的出租攤位，提醒遊客這裡是以少數民族為特色的地盤。此外，還有一棵應該在低海拔才會出現的榆樹，並以「定海神針」的故事穿鑿附會，說是用來鎮壓作亂鬼怪的神樹。天山的天池絕對是絲路旅程中的一個亮點，令人難忘。在絲路之旅中，腦海裡不斷搜尋有哪些電影或詩句是以這裡為背景，遙想著古往今來的騷人墨客及電影戲劇的創作者，試圖與眼前的這片美景做完美的搭配呀！

天池

交通：從烏魯木齊有客車直達景區，也可先至阜康再轉車至景區。從烏魯木齊市內的人民公園、紅山賓館門口有班車直達，車程約 2 小時。也可參加烏魯木齊當地的一日遊行程，較為便利。

1

2

1~4 用大美新疆來形容天池景色再適合不過

1 象徵周穆王與王母娘娘一段愛情的句子　2 裝飾過的電塔，一直被誤認為定海神針
3~6 高海拔地區看到低海拔才有的榆樹，而被穿鑿附會「定海神針」的傳說

西征必備書墨：詩詞篇

「瑤池阿母綺窗開，黃竹歌聲動地哀。八駿日行三萬里，穆王何事不重來？」這首詩表面上是一段深情的愛戀與等待，但擺脫愛情故事的部分，卻道出滿滿諷刺的意味，詩中末句「穆王何事不重來」，便是西王母用歌聲邀請周穆王，詢問王如果年壽未盡，能否再來瑤池作客？周穆王回答她，當他把萬民安頓好，三年後會再回來相會。然而西王母朝思暮盼，穆王沒有再到瑤池，詩人故意用「何事不重來」的問句，便是諷刺君王哪一位不是冀求長生不老？不是冀求永生不死的神話呢？但俗世凡體哪有不死的，想靠仙人庇護以求長生，畢竟只是妄想，運用這種藉神話傳說諷刺時事的寫法，是希望對唐朝君臣迷信長生不死之術提出一些警示啊！

烏魯木齊市區的指示方向

非常有草原民族風格的市集

【烏魯木齊·新疆國際大巴扎】

7世紀崛起的阿拉伯帝國，很快就在不到一百年的時間，發展成橫跨歐、亞、非三洲的大帝國。至於這個帝國為什麼可以擴張得如此快速，發達的經濟是不可或缺的主因。在《古蘭經》裡就有支持通商發展的文字：「……誠信的人們啊！你們切不可層層盤剝吃利息……阿拉准許貿易，嚴禁利息……」因此駱駝商旅發達的阿拉伯人，絡繹不絕往來亞洲大陸內部，是中古時期貿易的主角。

也因為經商旅途範圍十分廣大，為了避開風險，所以開始懂得合組公司，也發展出信用經濟。現在有許多跟商業有關的單字，其來源是阿拉伯文喔！例如：支票Check、市場Bazaar、交通Traffic等。

　　烏魯木齊國際大巴扎是中國境內最大的市集，巴扎這個字來自阿拉伯語。到烏魯木齊旅遊的遊客，都不會錯過前來此處。在伊斯蘭信仰的地區，逛大市集是最有趣的行程，就像到伊斯坦堡一定要逛錯縱複雜的室內大市集及香料市集，到開羅也要逛哈利利市集。這些市集有個共同特色，就是附近一定有清真寺，除了有宗教意義，每日五次的宣禮喚拜，也可以讓初來乍到的觀光客，有很好辨認方向的指標。

　　國際大巴扎有室內建築及戶外廣場，建築造型是伊斯蘭風格，裡面賣的大多都是當地特色的土產及衣物，包括：各種乾果蜜餞、絲巾及傳統維族服飾，還會賣很有特色的犛牛乾，更有一些皮製的手工小玩意兒，都很具當地特色。另外像是海娜古麗，也有很多人販賣。全世界的大市集都一樣，逛的時候要留意隨身物品，買的時候要殺價，然而維族人性格直爽，如果沒有誠意購買，卻隨意殺價又扭頭就走的話，可是會招致不好臉色而影響遊興喔！

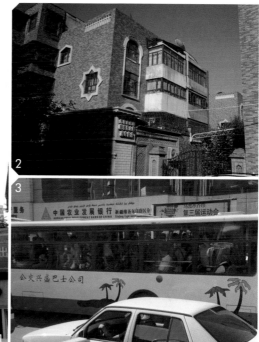

1 在穆斯林聚集地，大市集一定與清真寺並列　2~3 烏魯木齊市景

新疆國際大巴扎

交通：
1. 搭公交 10、16、61、63、104、310、911、912、920、923 路至「二道橋」站下車即達。
2. 搭烏魯木齊城市快速公交 BRT3 至「二道橋」站下車。

INFO

西征必備書墨：詩詞篇

提起烏魯木齊，就會想到好吃的新疆美食手抓飯、烤全羊、奶茶等。新疆的氣候、民情與中原有很大的差異，自古遷客騷人，莫不藉景抒情，表達懷鄉鄉愁思。唐代著名邊塞詩人岑參曾在此留下「忽如一夜春風來，千樹萬樹梨花開」等膾炙人口的詩句。他前後在邊境烏魯木齊居住了六年，有很多邊塞詩都是以一種英雄主義的精神描寫塞外行軍、征戰、送別等各種生活情景，富有浪漫奇情及異國風采，這首〈白雪歌〉就是以白雪為主線，在八月飛雪的絢麗奇景中，寫出他的鄉愁與思歸的心情。農曆才剛到八月，胡地就席捲了北風，飄下了大雪，一夜就讓萬千枯枝凝結白雪，彷彿千萬梨花樹在一夜便開出了皎潔的白花。

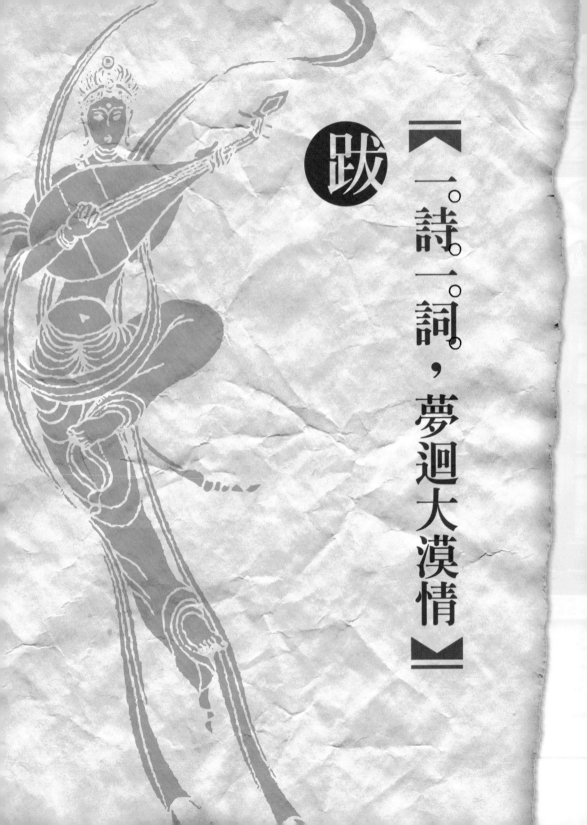

【一。詩。一。詞，夢迴大漠情】

跋

文字，真是充滿魅力的符號！

我和瑪杜莎的寫作方式很有趣，她通常寫到半夜，我卻習慣天亮起床再寫，因此我們常常在往來的信件當中，交替著起床與就寢的時間，也算是一種奇妙又有趣的插曲。

2015 年對我來說是個全新的嘗試。在旅行中，手機不斷拍攝的照片，相片中燦爛微笑的青春正在招手。而我，想要記憶的是「西出陽關無故人」中短暫的片刻嗎？還是想留戀在古老城市「庭院深深深幾許」的不安心跳呢？那份「不負如來不負卿」相惜恨晚的遺憾？還君明珠「此恨綿綿無絕期」的難堪？透過瑪杜莎細膩的筆觸，伴隨著古典詩詞，溫柔地將腦中的思緒刻劃進文字。

透過歷史的足跡，我也冥冥之中追隨著古人的腳步，在寫詩詞的過程當中，常常是一點一滴，呼喚著內心流淌的河流，靜靜地，就會流瀉出自己想要的詩句，多麼奇妙而神奇的經歷。余秋雨先生曾說：「在時光彼岸，總會有一個人讓你淚流滿面。」是相知相惜的心有靈犀，在蒼老斑駁的古蹟中、在城牆剝落的斷垣裡，癡情無盡，天涯望斷，我們會相約在，一朵春天的微笑中。

我很感謝寫作中種種發生的片段，綴連起那一夜的星光，那一晚的談話，那一份身旁的悸動，那一段隨行的步履……。

不知道宇宙洪荒，四季輪迴裡有無主宰機遇的神靈？我相信有，也很感謝自己相信一定有，在告訴自己即將完成的這瞬間，讓我確認過自己的迷戀，然後可以坦坦蕩蕩，寫下句點。曾經有過的感動，曾經有過的不捨，曾經汲汲追尋的步履，曾經無法移動的眼光，我都將記憶在詩詞文字裡，展現於讀者面前。

鋪展在瑪杜莎面前的是百萬里的旅程，而詩詞中的記憶是我借來照明的月光。一起進入時光隧道，走一趟詩詞文化絲路之旅吧！

君如

繪者 路十七（賴冠汝）

感謝本書 P35、82、105 部分照片由 Wesley 提供

國家圖書館出版品預行編目資料

遊・戲・絲路——穿越西安大漠行 / 瑪杜莎、君如 文・攝影．
-- 初版 . --
臺北市：華成圖書，2016.01
　面；　　公分 . -- (自主行系列；B6176)
ISBN 978-986-192-266-9(平裝)

1. 自助旅行 2. 人文地理 3. 陝西省西安市 4. 絲路

671.59/101.6　　　　　　　　　　　　104023032

自主行系列　　B6176

遊・戲・絲路——穿越西安大漠行

作　　者／瑪杜莎、君如

出版發行／ 華杏出版機構

　　　　　華成圖書出版股份有限公司
　　　　　www.far-reaching.com.tw
　　　　　11493 台北市內湖區洲子街 72 號 5 樓（愛丁堡科技中心）
　　　　　戶　　名　華成圖書出版股份有限公司
　　　　　郵政劃撥　19590886
　　　　　e-mail　huacheng@farseeing.com.tw
　　　　　電　　話　02-27975050
　　　　　傳　　真　02-87972007
　　　　　華杏網址　www.farseeing.com.tw
　　　　　e-mail fars@ms6.hinet.net
　　　　　華成創辦人　　郭麗群
　　　　　發 行 人　　　蕭聿雯
　　　　　總 經 理　　　熊芸
　　　　　法律顧問　　　蕭雄淋・陳淑貞

　　　　　總 編 輯　　　周慧珆
　　　　　企劃主編　　　蔡承恩
　　　　　企劃編輯　　　林逸叡
　　　　　執行編輯　　　張靜怡
　　　　　美術設計　　　林亞楠
　　　　　印務專員　　　何麗英

定　　價／以封底定價為準
出版印刷／2016年1月初版1刷

總 經 銷／知己圖書股份有限公司
　　　　　台中市工業區30路1號　　電話　04-23595819　　傳真　04-23597123

☺讀者回函卡

謝謝您購買此書，為了加強對讀者的服務，請詳細填寫本回函卡，寄回給我們（免貼郵票）或 E-mail至huacheng@farseeing.com.tw給予建議，您即可不定期收到本公司的出版訊息！

您所購買的書名/_____　購買書店名/_____

您的姓名/_____　聯絡電話/_____

您的性別/□男 □女　　　您的生日/西元_____年____月____日

您的通訊地址/□□□□□_____

您的電子郵件信箱/_____

您的職業/□學生 □軍公教 □金融 □服務 □資訊 □製造 □自由 □傳播
　　　　　　□農漁牧 □家管 □退休 □其他

您的學歷/□國中（含以下）□高中（職）□大學（大專）□研究所（含以上）

您從何處得知本書訊息/（可複選）

□書店 □網路 □報紙 □雜誌 □電視 □廣播 □他人推薦 □其他

您經常的購書習慣/（可複選）

□書店購買 □網路購書 □傳真訂購 □郵政劃撥 □其他_____

您覺得本書價格/□合理 □偏高 □便宜

您對本書的評價（請填代號/ 1. 非常滿意 2. 滿意 3. 尚可 4. 不滿意 5. 非常不滿意）

封面設計_____ 版面編排_____ 書名_____ 內容_____ 文筆_____

您對於讀完本書後感到/□收穫很大 □有點小收穫 □沒有收穫

您會推薦本書給別人嗎/□會 □不會 □不一定

您希望閱讀到什麼類型的書籍/_____

您對本書及我們的建議/

廣 告 回 信
台 北 郵 局 登 記 證
台 北 廣 字 第 0 0 0 5 2 6 號

免 貼 郵 票

華杏出版機構

華成圖書出版股份有限公司　收

11493 台北市內湖區洲子街 72 號 5F（愛丁堡科技中心）
TEL/02-27975050

（沿線剪下）

（對折黏貼後，即可直接郵寄）